超多忙でも
実践できる！

スリンプル・プログラム（スリム＆シンプル）

週1回10分の「○○タイム」で
「かかわりの力」を育てる

名城大学教授
曽山和彦

ほんの森出版

はじめに

　令和2（2020）年春、コロナ禍に伴う緊急事態宣言発令以降、学校・家庭・地域等における"かかわり制限"が私たちに及ぼした負の影響は計り知れないものがあると感じます。

　負の影響を学校現場で考えてみると、翌令和3（2021）年度の「小・中学校における不登校児童生徒数は244,940人」「小・中・高等学校及び特別支援学校におけるいじめの認知件数は615,351件」（文部科学省、2022a）、「（公立学校の）教育職員の精神疾患による病気休職者数5,897人」（文部科学省、2023）等の数値を見ても、いずれも過去最多の数値が示されています。また、通常の学級に在籍し、担任等から見て「知的発達に遅れはないものの学習面又は行動面で著しい困難を示す」とされた児童生徒の割合8.8％（小・中学校）は、10年前の調査結果（6.5％）を上回る数値となっています（文部科学省、2022c）。

　これらの状況について、私はこれまでの実践・研究の知見から、"かかわり制限"が最大要因であろうと推察しています。コロナ禍での制限下、「友達と遊べない」「マスクで先生・友達の表情がわからない」「レストラン・宴席での飲食ができない」等々となれば、そこから生ずるさまざまなストレスが、子ども・大人に各種不適応状態をもたらすのは当然と思います。

このようにとらえる学校現場の状況に対し、いったい何ができるのか。以前から「**かかわりが人を癒やし、かかわりが人を育てる**」という言葉を実践・研究の拠り所としてきた私が学校に提言できることの１つが、本書で紹介する「スリンプル（スリム＆シンプル）・プログラム」（以下、スリンプル）です。

　スリンプルは、「週１回の短時間グループアプローチ」「各教科等でのペア・グループワーク」の２本柱からなる「“かかわりの力”育成プログラム」です。本書の第４章では、「すでに10年以上の継続実践校がある」「コロナ禍の制限下でも継続、および新規導入校が多数ある」「実践校では子ども・教員の笑顔が増えている」等々、スリンプルの実践の様子を具体的に紹介していますので、ぜひご覧ください。それらの“成果”を鑑みれば、スリンプルは、コロナ禍の負の影響が残る学校現場にはもちろん、さまざまな困難の中にある学校現場に“かかわりの機会・場”を安全な形で提供し、かつ、漢方薬のようにじわじわと“かかわりの力”を育む具体方策としての役割を果たすことができると、自信をもって言えます。

　『誰でもできる！ 中１ギャップ解消法』（曽山、2019）を通じて世に出たスリンプルは、コロナ禍という“暴風”にも負けず、むしろ年々“たくましく”育っていると感じます。私がそのように感じるのは、本書で多くの情報をいただいた、“同志”であるスリンプル実践校の皆さんのおかげです。

　文部科学省による「生徒指導提要」の改訂版（文部科学省、2022b）において、特に重視されているのは、すべての子どもを対象とした「発達支持的生徒指導」＆「課題未然防止教育」＝先手・予防型「プロアクティブ（proactive）」生徒指導です。具体的には、教育活動全体を通じ、どのような子どもを育てるのかを考え、プログラムを

組み、実践することです（八並、2022）。さらに、学習指導には学習指導要領に基づく教科書があるように、生徒指導にも生徒指導提要の趣旨を踏まえた"教科書"が必要（栗原、2022）という提言もあります。私は、これらの提言に触れ、「まさにスリンプルが先手の生徒指導＆具体的プログラム！」「本書が生徒指導の教科書の１つ！」と、背中を押された気持ちになっています。

　本書を手に取ってくださった皆さん、スリンプルで一緒に"幸せな学校"を創っていきませんか！

令和５（2023）年　名城大学天白キャンパス構内の青葉の中で

曽山　和彦

〈参考文献〉

栗原慎二（2022）｢新『生徒指導提要』で押さえておきたい改訂のポイント｣『月刊学校教育相談』2023年１月号

文部科学省（2022a）「令和３年度　児童生徒の問題行動・不登校等生徒指導上の諸課題に関する調査結果について」

文部科学省（2022b）「生徒指導提要」

文部科学省（2022c）「通常の学級に在籍する特別な教育的支援を必要とする児童生徒に関する調査結果について」

文部科学省（2023）「令和３年度公立学校教職員の人事行政状況調査について」

曽山和彦（2019）『誰でもできる！　中１ギャップ解消法』教育開発研究所

八並光俊（2022）「リーガル・ナレッジに基づく発達支持的生徒指導の充実を」『月刊学校教育相談』2023年１月号

超多忙でも
実践できる！

スリンプル（スリム＆シンプル）・プログラム

週1回10分の「○○タイム」で「かかわりの力」を育てる

contents

第4章　スリンプル・プログラムの実践校の取り組み

第5章　スリンプル・プログラムの効果検証

第6章　スリンプル・プログラムの実践動画

第 1 章

今、一番の スリンプル・プログラム実践校

愛知県あま市立七宝中学校

スリンプル・プログラムの誕生…そして今

　私が、現在の「スリンプル・プログラム」(以下、スリンプル)に
つながる短時間グループアプローチの実践・研究のスタートを切っ
たのは、愛知県Ａ小学校とのご縁からです。平成21 (2009) 年、研
究発表会に向けた先生方の熱意には素晴らしいものがあり、そこで
生まれたものが「ＳＳＴタイム」でした。私は今でも当時のＡ小学
校の子どもたちの輝きを思い出します。その後、愛知県刈谷市立依
佐美中学校からご縁をいただき、共に知恵を絞り、生まれたのが
「よさっぴタイム＆よさっぴトーク」という、かかわりの力を育成す
るためのアプローチです。実践開始当初、生徒指導上の難しさがさ
まざまに散見された依佐美中学校が、数年を経て、落ち着きのある
「幸せな学校」へと変容を遂げたのは、丁寧に実践を続けた先生方の
努力のたまものです。

　私はこれまで、恩師・國分康孝先生に学んだ「教育カウンセリン
グ」をもとに、構成的グループエンカウンターをはじめとするさま
ざまな理論・技法を自分の「引き出し」に収めてきました。そして、
それらが本当に自分の中に馴染み、「そこにあるのが当たり前」と感
じるには10年かかったと振り返っています。この経験を通じ、私は
「10年続けたら、それは文化になる」という言葉を講演・研修の場で
先生方に伝えるようになりました。ちなみに、「文化」の定義は、「あ
る民族・地域・社会などでつくり出され、その社会の人々に共有・
習得されながら受け継がれてきた固有の行動様式・生活様式の総
体。」(『明鏡国語辞典』)となっています。

　地域の祭りが毎年開催されるのが当たり前のように、「○○タイ
ム＆○○トーク」が当たり前に教育活動として展開されること。そ

れを、私は「10年で文化完成」と呼んでいます。依佐美中学校の「よさっぴタイム＆よさっぴトーク」は令和5（2023）年度で13年目を迎えました。実践初年度の3年生は、現在28歳。あと数年すれば、彼らの子どもが「よさっぴ」の活動を行うこともあるでしょう。家族団らんの場で、親子での「アドジャン」ができるようになるのもそれほど先のことではありません（「アドジャン」については第3章参照）。私は、私の考えを具現化してくださった依佐美中学校の先生方に感謝の気持ちでいっぱいです。なお、本書タイトルにある「スリンプル・プログラム」の名称を使い始めたのは、科学研究費助成事業の成果としてまとめた拙著『誰でもできる！ 中1ギャップ解消法』（曽山、2019）発刊時からです。同書には、依佐美中学校をはじめ、「スリンプル黎明期」実践校の成果・課題をまとめましたの

スリンプル・プログラム先進14校 （令和5年度現在）

5年以上の継続実践校 10年で「文化完成！」

1. 愛知県刈谷市立依佐美中学校	「よさっぴタイム」	平成23（2011）年開始 13年目
2. 愛知県西尾市立米津小学校	「米っこタイム」	平成25（2013）年開始 11年目
3. 三重県四日市市立三重平中学校	「平っ子タイム」	平成27（2015）年開始 9年目
4. 愛知県あま市立七宝中学校	「しっぴータイム」	平成27（2015）年開始 9年目
5. 愛知県春日井市立西山小学校	「にこにこタイム」	平成28（2016）年開始 8年目
6. 鳥取県鳥取市立桜ヶ丘中学校	「桜咲タイム」	平成28（2016）年開始 8年目
7. 愛知県西尾市立一色中学校	「しおさいタイム」	平成28（2016）年開始 8年目
8. 愛知県西尾市立吉田小学校	「よしよしタイム」	平成29（2017）年開始 7年目
9. 熊本県熊本市立託麻東小学校	「託東タイム」	平成29（2017）年開始 7年目
10. 高知県高知市立江陽小学校	「花はなタイム」	平成30（2018）年開始 6年目
11. 愛知県西尾市立中畑小学校	「きずなタイム」	令和元（2019）年開始 5年目
12. 石川県鹿島郡能登町立中能登中学校	「ナカノトーク」	令和元（2019）年開始 5年目
13. 愛知県瀬戸市立幡山中学校	「ハタトーク」	令和元（2019）年開始 5年目
14. 山梨県南アルプス市立櫛形中学校	「くっしータイム」	令和元（2019）年開始 5年目

気楽に、気軽に、気長に…スリンプルは「漢方薬」

で、ぜひ、本書と併せてお読みいただければ幸いです。

　今、スリンプル実践は全国に広まりつつあります。そして、各実践校の中で、私が校内研修にかかわり、かつ「５年間」実践が継続した学校を「先進校」と呼んでいます。前ページに示したように、令和５（2023）年度現在の先進校は14校。うち、すでに「10年間」実践が継続し、「文化」が完成した学校は２校。これからも毎年のように「文化完成校」が増えていくことを願っています。

　先進14校はいずれも「幸せな学校」です。その中でも、ここ数年、私自身が全校"一枚岩の実践"という印象を最も強く感じる学校が、愛知県あま市立七宝中学校です。本章では、この七宝中学校の実践から"一枚岩の実践"づくりのポイントを抽出・整理することで、スリンプル・プログラムの全貌を紹介します。

「しっぴータイム」誕生の経緯

　七宝中学校は生徒数398名、教職員数34名（令和５年５月１日現在）の中規模校で、平成27（2015）年度よりスタートした「しっぴータイム」は９年目を迎えています。「しっぴータイム」導入の理由、名称の由来等について、当時の近藤真司校長が「令和４年度しっぴータイム研究紀要」に寄稿された文章から抽出し、紹介します。

〈導入の理由〉
・平成25（2013）年９月頃から学校が荒れ始めた。「俺なんてどうなってもいいんだ」「恨みつらみ晴らしたる」と投げやりになっている生徒たちに必要なのは自尊感情では、と感じた。
・平成26（2014）年度、生徒の自尊感情育成に向け、「生徒に寄り添った温かい言葉かけ」を教員・保護者に依頼した。

・平成26年10月、校長（近藤）が、依佐美中学校の研究会に参加した。生徒たちの「アドジャン」を参観し、七宝中にもこのようなかかわり活動が必要だと強く感じた。

・教員は、休日に開催される「学習会」（曽山先生主催）に自主的に参加したり、依佐美中学校を数回視察したりしたことを校内で共有することを心がけ、平成27（2015）年度より「しっぴータイム」を開始した。

〈名称の由来〉

　生徒が「幸せになれるように」と願いを込め、「七宝＆ハッピー」を組み合わせ、「しっぴータイム」と命名した。

「しっぴータイム」が"一枚岩の実践"になるまで

　どのように進めていくと教員間の足並みが揃い、"一枚岩の実践"が生まれるのでしょうか。以下、七宝中学校からの情報提供をもとに、年度ごとに整理します。

(1) 初年度（平成27年）：先進校に学ぶ

　「よさっぴタイム」実践校の依佐美中学校を視察した教員が「生き生きと活動している生徒の姿」「無言清掃の取り組み」「駐輪場の自転車の整然とした並びの様子」等を全教員に伝達することで、皆がやる気をもって「しっぴータイム」を始めることができました。

　しかし当初は、学級活動の中での実践としたため、月１回の活動時間を確保するのがやっとでした。また、依佐美中学校での学びを十分に理解しないまま実践を進めたため、「スリンプル」から外れたものとなっていました。

(2) ２年目（平成28年）：外部専門家の研修・助言を受ける

　４月の校内研修で筆者（曽山）からの助言を受け、「週１回10分の活動」「各授業内での話し合い活動にしっぴータイムの型（ルール等）を導入」「アイメッセージ・ユーメッセージによる価値づけ」等の重要性を学び、スリンプルの本質を知ることができました。

　ただ、実践回数が増えてきた一方、生徒たちの慣れに伴う"マンネリ化"を心配する声が教員間で聞かれるようになり、進め方にアレンジを加えたり、「アドジャン」等のお題を毎回替えたりするようになっていました。しかし、10月の校内研修の際、筆者（曽山）から、「生徒・教員にとって負担感の少ない実践を展開するには"型"が必要」という助言を受け、「しっぴータイム」の原点を見つめ直すことができ、"活動のアレンジ"へ向かっていた教員のやる気のベクトルが、"スリム＆シンプルな型の徹底"へ向かい始めました。

(3) ３年目（平成29年）：週時程に組み込む

　導入から２年間は学級活動の時間に行っていたため、週１回の活動を全校共通に確保するのが難しいという問題がありました。そこで「活動時間確保」「しっぴータイムをその週の学校生活に活かす」という２点を鑑み、月曜日の清掃後の15分間を「しっぴータイム」として週時程に組み込みました。その結果、生徒も教員も落ち着いて取り組めるようになり、３年間の実践を終える頃には、生徒の笑顔が増え、生き生きと話し合い活動をする姿が見られるようになりました。

"一枚岩"をつくる・固める10のポイント

　七宝中学校では導入４年目以降、「しっぴータイム」が生徒・教員

に根付き、「10分間で実施」等、よりスリムでシンプルな形に整える検討を進めてきました。その検討の過程で整理されたものが、以下、「10のポイント」です。

(1) しっぴー部会を学校組織の中に位置づける

　実践開始当初は研究主任と各学年１名ずつの担当者で、月１回程度、実践の反省や次回の活動について確認をしていました。「しっぴータイム」が根付いてきたことで「しっぴー部会」として学校組織の中に位置づけられました。部会のメンバーもしっぴー主任、各学年２名ずつ、教務主任、校務主任の９人と規模を拡大し、授業時間内にしっぴー部会を行えるよう時間割を調整したことで、週１回開催が実現。

　しっぴー部会では、型を揃えることや「しっぴータイム」を「スリム＆シンプル」にしていくための意見やアイディアを出し合い、よりよい実践をめざしています。

(2) 無理なく続けられる年間計画

　実施する主な演習は、年間で「質問ジャンケン」「アドジャン」「二者択一」「いいとこ四面鏡」の４種類（３年生は「１分間スピーチ」を加えた５種類）行っています（演習のやり方については第３章参照）。

　１つの演習は原則４週続けて実施。同じ演習が続くことで「生徒が飽きるのではないか？」という声もありましたが、お題を替えることで対応しました。実際に生徒は毎週笑顔で取り組んでいます。お題リストを４種類作成し、１つの演習で毎週異なるお題で取り組めるようにしています。

　令和元（2019）年度の年間計画を次ページに紹介します。

「しっぴータイム」予定表（令和元年度）

日程	内容		
	1年	2年	3年
4 月 15 日			
4 月 22 日	ネームゲーム	ネームゲーム	ネームゲーム
4 月 29 日	昭和の日		
5 月 6 日	振替休日		
5 月 13 日	質問ジャンケン	質問ジャンケン	質問ジャンケン
5 月 20 日	質問ジャンケン	質問ジャンケン	質問ジャンケン
5 月 27 日	質問ジャンケン	質問ジャンケン	質問ジャンケン
6 月 2 日	質問ジャンケン	質問ジャンケン	質問ジャンケン
6 月 3 日	代休		
6 月 10 日	アドジャン	アドジャン	アドジャン
6 月 17 日	アドジャン	アドジャン	アドジャン
6 月 24 日	アドジャン	アドジャン	アドジャン
7 月 1 日	アドジャン	アドジャン	アドジャン
7 月 8 日	いいとこ四面鏡	いいとこ四面鏡	いいとこ四面鏡
9 月 2 日			
9 月 9 日	二者択一	二者択一	二者択一
9 月 16 日	敬老の日		
9 月 23 日	秋分の日		
9 月 30 日	二者択一	二者択一	二者択一
10 月 7 日	二者択一	二者択一	二者択一
10 月 14 日	体育の日		
10 月 21 日	質問ジャンケン	質問ジャンケン	1 分間スピーチ
10 月 28 日	質問ジャンケン	質問ジャンケン	1 分間スピーチ
11 月 4 日	振替休日		
11 月 11 日	質問ジャンケン	質問ジャンケン	1 分間スピーチ
11 月 18 日	質問ジャンケン	質問ジャンケン	1 分間スピーチ
11 月 25 日	アドジャン	アドジャン	1 分間スピーチ
12 月 2 日	アドジャン	アドジャン	1 分間スピーチ
12 月 9 日	アドジャン	アドジャン	1 分間スピーチ
12 月 16 日	いいとこ四面鏡	いいとこ四面鏡	いいとこ四面鏡
12 月 23 日			
1 月 13 日	成人の日		
1 月 20 日	アドジャン	アドジャン	1 分間スピーチ
1 月 27 日	二者択一	二者択一	
2 月 3 日	二者択一	二者択一	1 分間スピーチ
2 月 10 日	二者択一	二者択一	1 分間スピーチ
2 月 17 日	二者択一	二者択一	いいとこ四面鏡
2 月 24 日	振替休日		
3 月 2 日	1 分間スピーチ	1 分間スピーチ	
3 月 9 日	1 分間スピーチ	1 分間スピーチ	
3 月 16 日	いいとこ四面鏡	いいとこ四面鏡	
3 月 23 日			

(3) お題カード入れ「しっぴーセット」

　毎週「次回のお題は何にしよう？」という悩みがありました。そこで、他校実践を参考にお題を集め、1回の演習に必要なお題と掲示物をプラスチックケースに入れた「しっぴーセット」を学年で学級数分用意。ケースごとに異なるお題カードを入れ、その中のカードを黒板に貼り出します。こうして学級間で「しっぴーセット」のローテーションを実施しました。そうすることで、同じ演習でもお題が替わるだけでなく、次年度以降も同じものを使用できるため、準備の負担軽減につながりました。

　「しっぴーセット」が1周する頃には演習も替わり、その後、再び同じ演習・お題に取り組む際には席替えでメンバーも替わるので、以前取り組んだお題でも新鮮な気持ちで取り組むことができています。

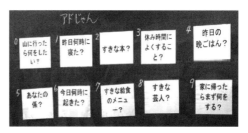

(4) 共通指導案の作成

　異動により新たに赴任した教員も、以前から在職の教員も、同様な実践ができるように指導案を作成。これにより型を揃えた実践が実現しています。

(5) 教員のローテーション

　学年間で教員をローテーションして「しっぴータイム」を実施。これにより他の教員の「しっぴータイム」を参観でき、価値づけの言葉を参考にしたり、自身の実践を振り返ったりすることに役立っています。

(6) 自己評価シート「しっぴータイムアンケート」

　新たに赴任した教員がスムーズに「しっぴータイム」に取り組めるよう、実践の中で大切にする教員の行動を抽出し、自己評価シート「しっぴータイムアンケート」(次ページ参照)を作成。「実践前に活動のポイントを押さえる」「実践後の振り返りに活用する」ことで、次の実践に活かすことができています。

　評価シートを集計した結果、価値づけのポイントが低いことがわかりました。特に「アイ(Ｉ)メッセージ」を使った価値づけの難しさを感じている教員が多いことから、しっぴー部会で改善の方策を検討。「一人一人の目を見ながら丁寧に話をしている」「黒板のお題を見ながら演習を行っている」等、具体的な場面を例示し、「できている時・できていない時」をポイントに挙げながら、「アイメッセージ」でどのように価値づけを行うか演習を行い改善を図りました。

(7) "一枚岩"をめざす「しっぴータイム」校内研修

　毎年４月に「しっぴータイム」校内研修を実施しています。新たに赴任した教員には正しい理解のために、また、以前から在職の教員には自己の実践を振り返ったり、ねらい・意義を再確認したりする機会となっています。

　会の冒頭、生徒たちの実践映像を流すと、皆が「しっぴータイム」の魅力を感じ、意欲的に研修に取り組む姿が見られます。年に１～

２回、筆者(曽山)による研修を設定し、「しっぴータイム」の意義について確認することも"一枚岩"づくりに欠かせないものです。

　また、研修という点では、他

しっぴータイムアンケート

回答者		七宝中経験年数	年目

１．しっぴータイムの実践を振り返り、各項目の当てはまる番号に〇を付けてください。

> ４…できている　　３…ややできている　　２…ややできていない
> １…できていない　　０…どちらともいえない

場面	項目	段階				
板書	授業の板書が残っていない	4	3	2	1	0
	４つのルール・話型を提示している	4	3	2	1	0
	お題を提示している	4	3	2	1	0
	座席と発表順を示している	4	3	2	1	0
説明・指示	デモンストレーションで先生が手本を示している（必要に応じて）	4	3	2	1	0
	無理のないペースで落ち着いて進めている	4	3	2	1	0
	聴き取りやすい速さで説明している	4	3	2	1	0
	生徒が聴く姿勢をつくってから指示を出している	4	3	2	1	0
座席	３～４人でグループをつくっている	4	3	2	1	0
	指定通りの座席の合わせ方をしている	4	3	2	1	0
認める言葉かけ価値づけ	全体を取り上げてほめる	4	3	2	1	0
	個人、グループを特定してほめない	4	3	2	1	0
	「I」＆「YOU」メッセージを使い分けている	4	3	2	1	0
	「できている時を見逃さない」言葉かけ：あいさつ／うなずき／見渡す／指示を聴く	4	3	2	1	0
	「やれていない時を見逃さない」言葉かけ：あいさつがない／あいさつが過剰／うなずきがない・不自然・過剰／見渡していない／板書を見ながら話している／盛り上がりすぎている／テンポが速い	4	3	2	1	0
フリートーク	エクササイズで出てきたことについて話をさせている	4	3	2	1	0
	エクササイズの続きをさせていない	4	3	2	1	0
	二者択一・フリートークでは、好きな理由を説明している（「〇〇よりは～、〇〇が嫌いだから～」で説明してない）	4	3	2	1	0
振り返り	どんな自分or仲間に出会ったか、振り返らせている	4	3	2	1	0
	全体での個人発表はさせない	4	3	2	1	0

生徒の様子	相手に関心をもって取り組めている	4	3	2	1	0
	「お願いします」でエクササイズを始めている	4	3	2	1	0
	「ありがとうございます」でエクササイズを終えている	4	3	2	1	0
	うなずきながら話を聴いている	4	3	2	1	0
	見渡して（相手を見て）話をしている	4	3	2	1	0
	フリートークではエクササイズで出てきた事柄について、話ができている	4	3	2	1	0

２．しっぴータイムをやっていて困っていることや、難しいことと感じていること、しっぴー部会への質問など

校からの「しっぴータイムを紹介してほしい」という依頼に応える
ため、しっぴー部会担当が講師として出向いています。このように
「しっぴータイム」が注目をされることは教員にとって大きな刺激
となっています。

(8) 授業でも部活でも使われる「しっぴートーク」

　「しっぴータイム」の型を使った話し合い活動を「しっぴートー
ク」と呼んでいます。各教科の授業のほか、部活動のミーティング
や練習試合時の作戦会議、委員会活動等でも行っています。

　スリンプルは「○○タイム」と「○○トーク」の2本柱で構成さ

れるプログラムです。「し
っぴータイム」で養われた
「話し方・聴き方」等のス
キルをさまざまな話し合い
の場面で活かしてこそ、真
のスキルとして定着するの
です。

　例えば、社会科の授業において、以下のような場面で「しっぴー
タイム」が使われていました。

〈社会科単元「国民主権と日本の政治」〉

・ごみ集積場所に関する問題を取り上げ、グループごとに担当する
　立場を決め、それぞれの主張を考える話し合いの場面。
・国民主権について目を向けるために民主政治と独裁政治の利害を
　比較したり、意見交流したりする場面。

(9) スリンプル実践校の視察

　年に数回、本校教員が実践校の視察を行います。学校ごとに個性

があり、「演習の中で相手の名前を呼ぶ」「相手のよかったところを伝え合う」等、本校との違いも見られ、「本校でも導入しようか？」などと、よりよい「しっぴータイム」づくりに向け、しっぴー部会で検討しています。

(10) 研究発表会

「しっぴータイムでの生徒の成長の姿を保護者や各地の先生方に知ってもらいたい」という校長の願いのもと、令和4（2022）年6月、11月の2回の研究発表会を開催しました。全学級「しっぴータイム」公開に加え、全生徒による合唱、筆者（曽山）による記念講演も行われました。発表会は、参観者からの高い評価を得ました。

以下、他校から参観した教員の声の一部を紹介します。

・生徒の、相手を尊重しながら穏やかに聴きあう姿や美しい合唱、曽山先生と共に歩んでこられた先生方のこれまでの取り組みの軌跡に感動の連続でした。曽山先生の講演は心にストンと入ってくるメッセージばかりでとても励まされました。
・曽山先生が講演の中で「現在、七宝中がスリンプル日本一」と話されていた通り、まさに「百聞は一見に如かず」です。

・生徒の活動の様子の素晴らしさに驚きました。また、自分に自信をもっている姿がいいなと思いました。頑張って継続するとこのような学校の景色が見られる…。私もめざします。

筆者（曽山）が見た「しっぴータイム」という宝

　令和5（2023）年度、9年目の実践となった「しっぴータイム」は、あと1年で10年の節目を迎えます。すでに10年継続を成した「かかわり文化完成校」である依佐美中学校、米津小学校に続く3校目の学校となります。これからも、先に示した「10のポイント」による実践を継続していけば、きっと"一枚岩"はより固く盤石なものになっていきます。

　七宝中学校には重点努力目標として、校名にちなんだ「七つの宝」があり、その宝の1つが「しっぴータイム」であるとうかがっています。私は、そのように「しっぴータイム」を大切にとらえてくださる七宝中学校のことを、これからも応援し続けます。「しっぴータイム」という宝に磨きをかけ、全国に誇ることができる「幸せな学校」を一緒に創っていきましょう。

＊なお、「しっぴータイム」の効果研究について関心のある方は、曽山・梶浦（2023）の論文をご覧ください。また、第6章に「しっぴータイム」の実践動画があります。

〈参考文献〉
曽山和彦（2019）『誰でもできる！　中1ギャップ解消法』教育開発研究所
曽山和彦・梶浦寿男（2023）「生徒指導の3機能を活用した短時間グループアプローチの実践―教師アンケートから見る『しっぴータイム』の成果と課題」『名城大学教職センター紀要』第20巻

第 2 章

スリンプル・プログラムの概要

スリンプル・プログラムとは

(1) 現代の子どもの"かかわりの力"と私の研究

　昭和から平成を経て、令和の時代を迎えた今、"子どもを囲む"家庭・地域環境は以前とは大きく様変わりしました。厚生労働省調査で明らかになっている"核家族""一人親"世帯の増加、また、「隣に住んでいる人のことは知らない」等、地域の人的交流機会も減少してきています。これらのことを鑑みれば、現代の子どもは、以前に比べれば「人とのかかわり体験が不足している」…。私はこのようにとらえています（もちろん、家庭・地域によっては、私が子どもだった頃同様、大勢の大人が"子どもを囲む"環境が整っているでしょうが…）。

　人との十分なかかわり体験がなければ、子どもは"かかわりの力"を身につけることは難しいでしょう。"かかわりの力"を構成する要素として、私の研究過程（曽山、2010）で明らかになったのは「自尊感情」「ソーシャルスキル」の2つです。いずれも、人とのかかわりを通さなければ育むことは難しいものであり、これらの低さ・乏しさが学校不適応（不登校・いじめ）、通常学級に在籍する"気になる子"の問題につながっていると私はとらえています。それゆえ、子どもの"かかわりの力"を育成するにはどうすればよいのか…、この1点が私の現在の研究の一番の関心事であり、これから後もずっと考え続けたいテーマでもあります。

(2) スリンプル・プログラムのベース実践校

　平成19（2007）年、大学教員として着任後、各地の小・中学校の研究実践に携わることが多くなりました。それらの学校の中で忘れ

られない学校の1つが、第1章でもふれた愛知県A小学校です。子どもの"かかわりの力"を育成する具体方策として生まれたのが「ＳＳＴタイム」。"人づきあいのコツ・技術"であるソーシャルスキルに焦点を当てた週1回10分のかかわり活動です。当時の校長先生、先生方と一緒に知恵を絞り、創りあげた「ＳＳＴタイム」は、平成21（2009）年の公開研究会にて参加者から絶賛され、私は、その概要を拙著『時々、"オニの心"が出る子どもにアプローチ 学校がするソーシャルスキル・トレーニング』（曽山、2010）にまとめました。

　また、愛知県刈谷市立依佐美中学校も忘れられない学校の1つです。生徒の不適応状況を改善したいという、先生方の想いがひしひしと伝わり、私自身、「少しでも役に立ちたい」と気持ちが動いた学校でした。その依佐美中が創りあげた活動が「よさっぴタイム＆よさっぴトーク」です（第4章Ⅰ参照）。週1回10分のかかわり活動の実践は、「ＳＳＴタイム」と同様ですが、各教科等におけるペア・グループワークとの"連動"が新たな試みでした。

　連動の具体は、例えば、社会の授業で「（教員）日本の歴史の中ではいろいろな身分が出てきましたね。どんな身分がありましたか？」→「（教員）はい、20秒のよさっぴペア・トーク！」→生徒が20秒のペア・トーク実施、というように展開します（曽山、2016）。

　スリンプル・プログラムのベースはこの「よさっぴタイム＆よさっぴトーク」にあります。

(3) スリンプルとは"スリム＆シンプル"

　子どもの"かかわりの力"を育成するためには、さまざまなかかわりの機会・場を用意することが大切です。学級・学年等、多くの人が集まる場である学校は、工夫一つでかかわりの機会を子どもに

提供することができます。しかし、そうした機会・場の提供が、教員・子どもにとって負担がかかるものであるとしたら、導入も継続もうまくいきません。さらに、働き方改革が叫ばれる昨今、新しい取り組みの導入は、教員に「これ以上、われわれに何をしろと言うのか」等々、後ろ向きの気持ちを抱かせる可能性も高いと推測されます。このような点を考慮した上で、子どもの"かかわりの力"育成のための具体方策として開発したものが「スリンプル・プログラム」（以下、スリンプル）です。

「活動自体が"スリム"であれば導入しやすく、長続きする。"シンプル"であれば、教員の誰もが実践でき、"気になる子"を含むすべての子どもが取り組める」と考え、創った造語が「スリム（slim）＆シンプル（slimple）」＝「スリンプル（slimple）」です。

(4) スリンプルの2本柱

　子どもの"かかわりの力"育成をめざすスリンプルは、次の2本柱から構成されます。

> ・〇〇タイム：週1回10分の短時間グループアプローチ
> ・〇〇トーク：各教科等におけるペア・グループ活動

「〇〇タイム」は、子どもにとっては週1回打ち上げられる"花火"のようなもので、"遊び"のようにとらえられるものです。しかし、教員は遊んでいません。「ねらいをもって子どもの前に立つ」活動です。主なねらいは「ソーシャルスキル育成」ですが、活動の中で、教員や友達からほめ言葉・認めの言葉がかかるため「自尊感情育成」もねらえるものとなっています。

　そして「〇〇トーク」は、教科学習等の場面で"かかわりの力"

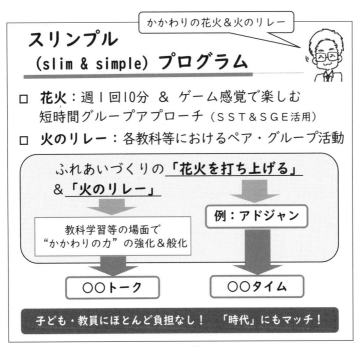

*ＳＳＴ：ソーシャルスキル・トレーニング
*ＳＧＥ：構成的グループエンカウンター
*アドジャン：ＳＧＥで活用されることの多いエクササイズ（滝沢、1999）

を強化＆般化する "火のリレー" です。

　上の図は、スリンプルの概要がイメージしやすいように作成した
ものです。

 ## 「○○タイム」を支える理論・技法とは

(1) "I think" の前には理論が必要

　恩師・國分康孝先生に学んだ「"I think" の前には理論が必要」
は、私の座右の銘の１つです。体験のみから "I think" を語ってい
ると、いつまでもそのブレが止まりません。私が "かかわりの力"
の構成要素としてとらえている「自尊感情」「ソーシャルスキル」の

2つについても、その考え方を定める上で「実存主義理論」「自己理論」「行動理論」の3つの理論を支えにしています。その理由を以下に述べますが、理論の詳細に関心がある方には、『カウンセリングの理論』(國分、1981) をおすすめします。

①自尊感情に関連する理論：実存主義理論、自己理論　自尊感情とは「自己評価の感情」のこと。自分にOKと言えなければ周りにはなおさら言えません。自分を大事にできなければ周りを大事にすることはもっとできません。この「自分にOK、自分を大事に」、すなわち、ほどよい自尊感情を育むには、かかわりを通した周りからの評価（認め・ほめ）が必要です。また、かかわりによって、「適切な自己理解」が少しずつ進むのではないかと考えられます。それゆえ、「人生の主人公である自分にOK、自分を大事に」に関しては実存主義理論、「適切な自己理解」に関しては自己理論が馴染むととらえています。

②ソーシャルスキルに関する理論：行動理論　ソーシャルスキルとは「人付き合いのコツ、技術」のこと。適切なスキルがなければ人とスムーズにかかわることはできません。例えば「ありがとう、ごめんね」等のスキルを知らない（未学習）ならば"教える"ことが必要です。また、「うざい、消えろ」等の間違ったスキルを使っている（誤学習）ならば"修正する"ことが必要です。それゆえ、行動理論が馴染むととらえています。

(2) 子どもは遊ぶが如く。教員は技法を活かして教育をする

　私は、子どもたちが教員や友達とのかかわり活動に、無理なく、楽しく取り組みながら、自然に、"かかわりの力"が身につくような教育プログラムとして、スリンプルを開発しました。特に、スリンプルの核である週1回10分の短時間グループアプローチである

「○○タイム」については、「子どもは遊ぶが如く。教員は技法を活かして教育をする」という意識で子どもの前に立つということです。

では、「○○タイム」は、どのような技法によって構成されたものなのでしょうか？

学校現場で活用されるグループアプローチには、「対人関係ゲーム」「体験学習」「ピア・サポート」「グループワーク・トレーニング」「ソーシャルスキル・トレーニング」「構成的グループエンカウンター」等々があります。それらの中で、私が「○○タイム」に活用しているものは「ソーシャルスキル・トレーニング」「構成的グループエンカウンター」の２つです。

「ソーシャルスキル・トレーニング」は、特別支援教育の現場で以前から活用され、特別支援教育が専門の私には馴染み深かったということ。また、「構成的グループエンカウンター」は、病弱養護学校勤務時代に初めて出会い、それ以降、私の実践・研究の柱であること。こうした理由により活用している２つの技法は、子どもたちの"かかわりの力"を育てるために大きな効果があることが、さまざまな研究で明らかにされています。

以下に、２つの技法の概要を解説します。

(3) ソーシャルスキル・トレーニング（ＳＳＴ）

ＳＳＴは「インストラクション→モデリング→リハーサル→フィードバック」として展開されます。

例えば、ターゲットスキルとして「うなずき」を定めたならば、その大切さを説き、どのようなうなずきがよいのかを見せ、実際にうなずく必要のある活動を用意し、うなずいて話を聴けたらほめる…という流れになります。この基本展開は「してみせて、言って聞

ソーシャルスキル・トレーニング
（ＳＳＴ：social skill training）
「行動」の教育

□　ＳＳＴの骨子

してみせて、言って聞かせて、させてみて
ほめてやらねば　人は動かじ　　（山本五十六）

〈基本展開〉
１．インストラクション（言語教示）
２．モデリング（示範）
３．リハーサル（実行）
４．フィードバック（評価）

かせて、させてみて、ほめてやらねば、人は動かじ」という山本五十六の言葉に重なります。

　ＳＳＴは「行動」の教育であり、それゆえ、年齢・発達段階の低い子どもたちに「教えることが馴染む」技法でもあります。

(4) 構成的グループエンカウンター（ＳＧＥ）

　ＳＧＥの"Ｓ：structured"とは"構成"の意味です。構成とは枠であり、具体的には「時間、人数、エクササイズ」のことです。

　例えば「90秒、４人組、アドジャン」という枠の中で活動を行うと、個々にさまざまな"気づき"や"感じたこと"が生まれます。それらをペアやグループでシェアリング（振り返り、分かち合い）をすると、気づき等が拡がり、自他理解、自他への"出会い（エンカウンター）"が促進されます。すなわち、「エクササイズ＆シェアリング」の２本柱が大切なのです。

　ＳＧＥは「感情」の教育であり、それゆえ、年齢・発達段階の高い子どもたちに"考えさせることが馴染む"技法でもあります。

構成的グループエンカウンター
（ＳＧＥ：structured group encounter）
「感情」の教育

ＳＧＥの２本柱：
エクササイズ＆シェアリング
- エクササイズのやりっ放しにせず、「○○に気づいた、○○を感じた」等、個々の気づきを促すシェアリングがとても大切

1970年代にアメリカで生まれたＳＧＥを、國分康孝先生が学校現場で活用しやすいように整理・提唱されました（國分、2018）。私は弟子の一人として、先生に学んだＳＧＥを大切にしています。

〈参考文献〉

國分康孝（1981）『カウンセリングの理論』誠信書房

國分康孝（2018）『構成的グループエンカウンターの理論と方法』図書文化社

曽山和彦（2010）『時々、"オニの心"が出る子どもにアプローチ 学校がするソーシャルスキル・トレーニング』明治図書

曽山和彦（2016）『学校と創った 教室でできる関係づくり「王道」ステップ ワン・ツー・スリーⅡ』文溪堂

曽山和彦（2019）『誰でもできる！ 中1ギャップ解消法』教育開発研究所

第3章

スリンプル・プログラムの基本展開と留意点

「○○タイム」の基本展開

　スリンプル・プログラム（以下、スリンプル）を構成する2本柱の1つ、「○○タイム」の基本展開について説明します。

　10分間で行う「○○タイム」は "型" を大切にします。型とは一定の流れ、ルーティンのことです。全校の型が揃うと、例えば、同学年の1組と2組の子どもたちが合同で実施したり、半数の子どもを入れ替えて実施したりすることが可能となります。また、担任をチェンジして実施することも可能となります。時には「今日は、校長先生と一緒だよ」等のサプライズも用意できます。さらに、型があることで、ＡＳＤ（自閉症スペクトラム障害）等のある "気になる子" も見通しをもちやすく、活動への参加もしやすくなります。一部の教員や子どもだけではなく、すべての教員・子どもが実践できる・楽しめる活動が「○○タイム」です。つまり、「○○タイム」

資料1

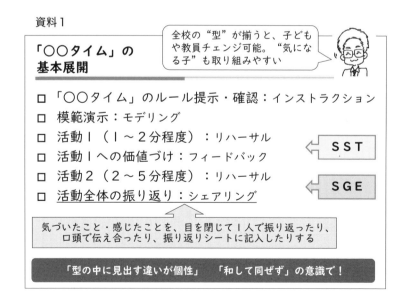

全校の "型" が揃うと、子どもや教員チェンジ可能。"気になる子" も取り組みやすい

「○○タイム」の基本展開

- □ 「○○タイム」のルール提示・確認：インストラクション
- □ 模範演示：モデリング
- □ 活動１（１～２分程度）：リハーサル
- □ 活動１への価値づけ：フィードバック
- □ 活動２（２～５分程度）：リハーサル
- □ 活動全体の振り返り：シェアリング

SST

SGE

気づいたこと・感じたことを、目を閉じて1人で振り返ったり、口頭で伝え合ったり、振り返りシートに記入したりする

「型の中に見出す違いが個性」　「和して同ぜず」の意識で！

はユニバーサル（万人向け）なかかわり活動をめざしています。

　それでは、前ページの資料１に示した基本展開に沿って、演習（エクササイズ）である「アドジャン」（滝沢、2004）を例に「名城タイム」（架空の小学校の６年生を想定）を紙上で展開してみます。

導入：「○○タイム」のルール提示・確認

　今日から毎週○曜日の朝の時間10分を使って、かかわり活動「名城タイム」を行います。友達と楽しくかかわりながら、自然に挨拶やうなずきができる、皆が笑顔になる活動です。そして、友達同士でかかわる中で、きっと今よりも自分や友達のことがわかるようになります。ただし、皆さんが楽しく活動するためにはルールが必要です。「名城タイム」のルールは以下の３つです（黒板掲示）。

1. 「お願いします」「ありがとうございました」の挨拶をしよう。
2. 先生や友達の話はうなずいて聴こう。
3. 先生の指示を聴こう。

　ルールとは、多くの人がかかわり合う場で皆が安心して、心地よく過ごすための"決まり事"です。皆さんがこのルールを守ることで「名城タイム」は楽しい時間になります。よろしくお願いします。

①あらかじめ用意した「お題10問」を黒板に掲示

　（ここは、次節で詳しく述べます。）

②「アドジャン」のルール説明

　今日の活動は「アドジャン」です。４人グループで行いますので、机を移動して皆が向き合うようにしてください。

三重平中学校のお題の掲示。お題を30〜40枚作成し、それを10枚ランダムに組み合わせ、黒板に掲示。この「三重平スタイル」を電子黒板で展開する学校も増えています。

「アドジャン」では「0、1、2、3、4、5」の6通りの指の数を使います。皆で「アドジャン」のかけ声とともに、好きな指の数を出します。例えば、4人全員が「1」の指を出したならば、指の数の合計は「4」になり、それがお題となります。

黒板を見てください。「1」〜「0」までの10項目がお題として貼ってあります。「4」のお題は「好きな色」ですから、順番に「ボクは白が好きです」→「ワタシは黄色が好きです」…のように、理由は言わず、「色」だけを伝えます。聴く人は否定せず、「なるほど」「〇〇が好きなんだね」等、「うなずいて聴く」がルールです。

メンバー全員がお題を言い終えたら、また「アドジャン」と続けて繰り返します。合計が10以上になった場合は、一の位の数字の項目にします。「10」や「20」のときは「0」となります。黒板には「0：飼ってみたいペット」とありますね。繰り返すうちに、同じお題が出たときにはやり直します。

「アドジャン」の「アド」は英語の「足す」という意味です。皆がジャンケンのようなかけ声で出した指の数を「足す」ので「アドジャン」という名前がついています。

③模範演示

では、1つのグループにモデルになってもらいます。私と一緒に

５人でやってみましょう。他の皆さんは見ていてください。

④活動１：アドジャン

　やり方はわかりましたね。では、お題を見て答えを考えてください。時間は１分です。答えの用意ができましたか？　答えがどうしても考えつかなかったというものがあれば「１つか、２つはパスをＯＫ」としましょう。時間は90秒。それではスタート。

⑤活動１への価値づけ

　このクラスは、うなずきながら友達の話を聴ける人が多いですね。だから、雰囲気がとてもいいのだなぁと思いました。

⑥活動２：フリートーク

　次はフリートークです。時間は２分間。「アドジャン」の残った項目を話す時間ではありません。気になる項目は休み時間にお互いに聞いてください。フリートークは、「アドジャン」で"出た項目"について、質問したり話し合ったりする時間です。では、スタート。

⑦活動全体の振り返り

　最後に、今日の「名城タイム」を振り返りましょう。皆さんは、自分や友達の"挨拶、うなずき、表情"などを振り返り、気づいたこと・感じたことは何でしょうか。今から30秒、目を閉じて静かに活動を振り返ってみましょう。それではスタート。

「○○タイム」に活用する４つの基本演習

　「○○タイム」で行える基本演習（エクササイズ）は、「アドジャ

ン」だけではありません。活用できる演習は、『構成的グループエンカウンター事典』（國分・國分、2004）に多く紹介されています。私は、それらの中から自分自身が体験したり、子ども・学生に活用したりして「スシンプル、そして、何よりも楽しい！」と実感した「アドジャン」も含めた「二者択一」（瀬尾、2004）、「質問ジャンケン」（浅川、2004）、「いいとこ四面鏡」（河村、2001）の４つを基本演習として絞り込みました。以下、その４つの演習の進め方を解説します。

(1) アドジャン

　前節の「名城タイム」の例で示しましたので、ポイントだけを述べます。

①あらかじめ用意した「お題10問」を黒板に掲示　「アドジャン」や「質問ジャンケン」で提示するお題は、楽しいもの・シンプルに答えられるものにします。「○○タイム」は、"思考"の教育ではなく、"行動""感情"の教育の時間です。"思考"の教育は教科指導の中で！

　「同じお題で飽きた～」という声には「相手が替わるから違いを楽しんでね」「他に好きな食べ物は？」などの言葉をかけます。「子どもの駄々」に付き合う必要はありません（後出の資料４参照）。

> **〈お題の例〉**　好きな○○（例：食べ物、芸能人等）／行ってみたい○○（例：国、場所等）／今、欲しいもの／会ってみたい人／休日にしたいこと／お薦めの○○（例：本、映画等）／元気になる○○（例：言葉、アイテム等）など

　以下、「アドジャン」紙上示範と同様に、②ルール説明、③模範演示、④活動１：アドジャン、⑤活動１への価値づけ、⑥活動２：フリートーク、⑦活動全体の振り返り、と展開します。

(2) 二者択一（どちらを選ぶ？）

①あらかじめ用意した「お題３問」を黒板に掲示

〈**お題の例**〉 山と海／夏と冬／朝と夜／ご飯とパン／パスタと
ピザ／水族館と動物園／国内旅行と海外旅行／一戸建てとマン
ション／映画とコンサート／水とお茶／電車とバス／時間とお
金／社長と副社長など

②ルール説明

・机を向かい合わせにして、４人グループで座ります。

・二者択一は、例えば「山と海」のように示されたお題を見て、ど
　ちらか好きなほうを選び、選んだ理由も伝えます。理由は、「好き
　な理由」にしてください。「○○が嫌いだからこちらを選びまし
　た」では、「○○」を選ぶ友達が嫌な気持ちになります。「私は○
　○が好きです。なぜならば○○だからです」のように、丁寧な"話
　型"も大切にします。

・時間は90秒。「お願いします」の挨拶のあと、１問目のお題につい
　てメンバーが順番に話をします。全員が終わったら、２問目、３
　問目のお題と、続けていきます。

・90秒経ったら「時間です」と教員が声をかけます。キリのよいと
　ころで、「ありがとうございました」と挨拶して終わります。全部
　のお題を終わらなくても大丈夫です。

③模範演示　「アドジャン」の紙上示範と同じように、１つのグルー
プにモデルになってもらい、教員と一緒に５人でやってみます。

④活動１：「二者択一」「やり方はわかりましたね。では、３つのお
題を見て、どちらかを選び、その理由も考えてください。『どちらも
好き』というお題もあるかもしれませんが、必ずどちらかを選ぶよ

うにしましょう。『人生は選択の連続』という言葉があります。だから"選ぶ"体験をしておきましょうね。考える時間は1分です」と説明。1分経ったら、「用意はいいですか？　では、時間は90秒です。皆で挨拶をして始めましょう。スタート」と言って始めます。

　以下、「アドジャン」紙上示範と同様に、⑤活動1への価値づけ、⑥活動2：フリートーク、⑦活動全体の振り返り、と続けます。

(3) 質問ジャンケン

①あらかじめ用意した「お題5問」を黒板に掲示　「アドジャン」と同じお題を使えますが、ペアワークであり、テンポの速さを楽しむ演習でもあることから、「好きな季節は？」→「秋です」のように、即答できるお題がよいです。

②ルール説明

・机を向かい合わせにして、4人グループで座ります。

・質問ジャンケンは"隣""前後""斜め"と、それぞれにペアになり、計3回行います（斜めが難しければ行わなくてもよい。席を移動してまでやらなくてもよい）。

・時間は30秒。「お願いします」と挨拶したあと、ジャンケン1回勝負。勝った人が相手に、お題からどれか1つを選び質問します。答える人は、例えば「好きな果物は何ですか？」と質問されたら、「バナナです」のように、答えのみ言うようにします。

・時間いっぱい、ペアで続けます。「時間です」と教員が声をかけたら、「ありがとうございました」と挨拶してペアを替えて続けます。

・3人組ができてしまう場合は、例えばA・B・Cだったら、「AB」「BC」「CA」のペアとなり、1人が休みながら行います。

③模範演示　「アドジャン」の紙上示範と同じように、1つのグルー

プにモデルになってもらい、教員の指示でやってみます。

④活動１：質問ジャンケン　「やり方はわかりましたね。では、５つの
お題を見て、答えを考えてください。時間は30秒です。用意はいい
ですか？　もし、答えがどうしても出なかったというものがあれば、
１つか２つはパスをＯＫとしましょう。では、時間はペアで30秒で
す。ペアで挨拶して始めましょう。スタート」と言って始めます。

　以下、「アドジャン」紙上示範と同様、⑤活動１への価値づけ、⑥
活動２：フリートーク、⑦活動全体の振り返り、と続けます。

〈フリートーク〉
　「質問ジャンケン」のフリートークのやり方には２種
類。各ペアで30秒の「質問ジャンケン」が終わったあと、その
ペアでフリートーク１分というやり方。もう１つは、すべてのペ
アでの「質問ジャンケン」が終わったあと、４人グループでフリ
ートーク２分というやり方。学校全体で揃えるとよいです。

(4) いいとこ四面鏡

①模造紙大の「四面鏡」のシートを黒板に掲示　「いいとこ四面鏡」の
選択肢は、対象となる子どもたちに合わせて調整が必要です。小学
校低学年は "10個"、高学年は "20個"、中学校・高校は次ページの
資料２のように "30個" がよいでしょう。子どもたちが "いいとこ
ろ" ととらえる言葉をあらかじめ聞き取っておき、それらをもとに
シートを作成するとよいでしょう。

②ルール説明
・机を向かい合わせにして、４人グループで座ります。
・シート（資料２　＊本シートは、河村〔2001：p.153〕の「いいとこ四面鏡」
　　シートを筆者が一部アレンジ）の一番上の「名前」欄には自分の名前、

資料2　「いいとこ四面鏡」のシート例

| 名前 | さんの |

いいとこ四面鏡

いろいろな「いいところ」	書いてくれたメンバーの名前			
	さん	さん	さん	さん
1．しっかりしている				
2．頼りになる				
3．心くばりのある				
4．公平な				
5．堂々とした				
6．エネルギッシュな				
7．人なつっこい				
8．活発な				
9．好奇心たっぷりな				
10．何でもよく知っている				
11．意志が強い				
12．てきぱきした				
13．かわいらしい				
14．誠実な				
15．何ごとも一生懸命な				
16．優しい				
17．ユーモアがある				
18．さわやかな				
19．あたたかい				
20．気どらない				
21．ねばり強い				
22．穏やかな				
23．思いやりのある				
24．落ち着いている				
25．正直な				
26．笑顔が素敵な				
27．親切な				
28．包容力のある				
29．話を聴いてくれそうな				
30．人を惹きつける				

その下の「書いてくれたメンバーの名前」欄には班のメンバーの名前を書きます。

・シートは皆で向き合った状態で時計回り（左回り）に回します。1回目であれば、右隣の人のシートが届きます。その人の"いいところ"を3つ選び、自分の名前のある欄に「○」を付けます。30の選択肢から選ぶのは"必ず3つ"。多くても少なくてもいけません。5人グループで行うと、自分以外のメンバー4人について"いいところ探し"をする演習なので「四面鏡」ですが、今回のように4人グループで行うと「三面鏡」ですね。

・「外からどのように見えているのか、自分の"いいところ"を教えてもらいましょう。シートが回ってきたら1分で3つの○を付けます。早く終えた人はシートを伏せておきましょう」と言って、教員の指示に合わせて順に回すようにします。回すときには「お願いします」、受け取るときには「はい」と声をかけるように促します。

③模範演示　「アドジャン」の紙上示範と同じように、1つのグループにモデルになってもらい、教員の指示でやってみます。

④活動1：いいとこ四面鏡　「やり方はわかりましたね。では、最初に、30の選択肢に目を通してください。時間は30秒です。用意はいいですか？　では、左隣の人にシートを回しましょう。時間は1分で、○を3つ付けてください。スタート」と言って始めます。

　「回し終わって、最後に自分のシートが戻ってきたとき、メンバーが自分のどんな"いいところ"に○を付けてくれたのか、楽しみですね。戻ってくるシートを見るときに、"絶対ルール"があります。それは『首を縦に振る』です。メンバーが一生懸命考えて付けてくれた3つの○です。『ありがとう』という気持ちでうなずきながらシートを見てくださいね」と話します。

⑤活動１への価値づけ　「みんなが笑顔でうなずいているのを見ていると、私までうれしくなってきました」などと話します。

⑥活動２：フリートーク　フリートークでは、「なぜ、ここに○を付けてくれたの？」と質問したり、○を付けた理由を伝え合ったりします。時間は２分です。

⑦活動全体の振り返り　「いいとこ四面鏡をやって、気づいたこと・感じたことは何ですか？　今から30秒、目を閉じて静かに活動を振り返ってみましょう。それではスタート」と言って、一人一人で振り返ります。

 ## 「○○タイム」の最終演習：「１分間スピーチ」

　最終演習「１分間スピーチ」は、市販のエクササイズ集に掲載されておらず、展開方法は筆者のオリジナルです。以下、前出と同じ「名城タイム」で紙上示範します（中学校３年生の想定です）。

①「１分間スピーチ：１週間のエピソード」と黒板に板書

　これまで「名城タイム」では、「アドジャン」「二者択一」「質問ジャンケン」「いいとこ四面鏡」をやってきました。以前に比べると、皆さんの挨拶、うなずき、表情がとてもよくなってきて、学級の雰囲気も温かいものになってきたなぁと思います。そして、さまざまなかかわり活動を通して、皆さん自身のこと、友達のことなど、確認したり、新たに気づいたりしたこともたくさんあったのではないでしょうか。私は、皆さんにはそれぞれの良いところがあると思っています。どうぞ自信をもってくださいね。

　今月からは新しい演習「１分間スピーチ」を行います。スピーチと聞いて「嫌だなぁ」と思った人もいるのではありませんか？　で

も、安心してください。なぜなら、お題は毎回「1週間のエピソード」であり、部活のこと、おいしいものを食べたこと、おもしろいテレビ番組を見たこと等、自分で好きなお題を決めてスピーチできるからです。それに、「名城タイム」は"うなずいて聴く"というルールがあるので、安心して話ができるはずです。

　これから高校生、大学生、社会人と進む中で、人前で話す機会がいろいろあると思います。"スピーチは慣れ"です。私が皆さんの前で緊張せずに話ができるのは、毎日、"スピーチ"しているからです。

　では、「1分間スピーチ」のルールを説明しますね。

②ルール説明

・机を向かい合わせにして、4人グループで座ります。

・1番目にスピーチする人を決めてください。スピーチは皆で向き合った状態で時計回り（左回り）に、2番、3番…と進めます。

・1番目の人がスピーチする前に、1分間の準備時間をとります。不安な人は紙にキーワードを書くこともよいでしょう。

・私が「スタート」と声をかけたら、スピーチする人は「お願いします」と挨拶をして話を始めてください。1分経ったら、私が「はい、キリのいいところでストップ」と声をかけるので、それまではスピーチを続けてください。もしかすると1分より前に終わってしまうかもしれませんね。そのときには「リピートします」と言って、もう一度同じ話をすればいいです。そうすれば、1分があっという間に経つでしょう。リピートを終えてもまだ時間が余ったら…？　そのときには、周りの人が"助け船"を出してください。例えば、「面白かったよ」「そのお店はどこで知ったの？」等々、感想や質問の言葉が、うれしい"助け船"になります。

・表情、うなずきなど、聴き方もとても大切です。そして、スピー

チが終わったら、グループ内で"小さな拍手"。「頑張ったね」という思いを込めて、お互いに拍手しましょう。

③模範演示

今日が初めてのスピーチなので、私がトップバッターとして話してみます。では、スピーチします。お願いします！

④活動１：１分間スピーチ

やり方はわかりましたね。では、皆さんそれぞれ、スピーチ内容を考えてください。時間は１分間です。用意はいいですか？　では、１番目の人、スタート。

⑤活動１への価値づけ

スピーチしているときの表情がいい人が多いですね。それはきっと、聴き手が笑顔でうなずいて聴いているからですね。

⑥活動２：フリートーク

フリートークでは、言い足りなかったこと、質問したいことを中心に話し合うといいでしょう。時間は２分です。では、スタート。

⑦活動全体の振り返り

「１分間スピーチ」をやってみて、気づいたこと・感じたことは何ですか？　今から30秒、目を閉じて静かに活動を振り返ってみましょう。それではスタート。

＊本書の第６章「スリンプル・プログラムの実践動画」に掲載した４本の動画も参考に、本稿をお読みいただくとイメージが湧きやすいと思います。

T高校2年生への
示範授業から

私の示範：「1分間スピーチ」
（8分短縮版）

名城大学版
「1分間スピーチ」

お題はいつも同じ
「この1週間のエピソード」

□ 「○○タイム」のルール確認
□ スピーチ内容を1分で考える
□ 順番に「1分間スピーチ」をする

皆さんに伝えたいこと　2
関係づくりの第一歩は　相手への関心

□ 2分間「フリートーク」をする
□ 活動の「振り返り」をする

・「リレーションタイム」
　（不定期）の実践校

・左図の流れで示範

・ドライビング・トーク

・SST＆SGE盛り込み

〈生徒の感想〉　話が聴きやすくて、耳が幸せ／短い時間だったけど、
とても充実の時間／嫌いだったリレーションタイムがこれなら好きに！

「話すって楽しい、聴くって楽しい、かかわるって楽しい」と思える時間に！

2021年11月、T高校2年生に示範を行った「1分間スピーチ」の概要。

　「1分間スピーチ」で最も大切にしたいのは、生徒が「話すって楽しい」と思える時間にすることです。くれぐれも、スピーチの訓練であるかのように厳しく鍛えることは控えてください。

　ある高校では、「1分間スピーチ」を誤解した教員が"訓練"した結果、「○○タイム」の時間を欠席する生徒が増えてしまいました。

　スリンプルを実践するのであれば、楽しい雰囲気を大切に！

「○○トーク」の展開例

　ここまで、スリンプル・プログラム（スリンプル）を構成する2本柱の1つ、「○○タイム」の基本展開について説明してきました。2本柱のもう1つの「○○トーク」は、そのイメージがもてるよう、教科における実際について、託麻東小学校6年の算数科学習指導案（阿部一貴先生作成）を次ページから紹介します。

1 **単元名** 「分数のかけ算」

2 **単元について**

　本単元では、「分数のかけ算」を学習した上で、分数計算の習熟を図るとともに、分数計算の不思議さ、おもしろさ、美しさを感じ味わうことをねらいとして、「$1/a × 1/b = 1/a − 1/b$」「$2/a ×$ $2/b = 2/a − 2/b$」のように、同じ分数によるかけ算とひき算の答えが一致するものがあることを知らせ、それが成り立つ分数の組み合わせのきまりを発見していく学習を取り入れた。どんなときに答えが同じになるのか、子どもたちなりに仮説を立て、条件を変えながら（数を操作しながら）計算を進めていく過程において、数理の不思議さ、おもしろさ、美しさを感じ、味わうとともに、算数に対する意欲や関心を高め、考える楽しさを味わうことができると考えられる。また、分子が１の単位分数同士の組み合わせ、次は分子が２同士や３同士の分数同士の組み合わせへと次々と発展的に学習展開ができ、子どもの知的好奇心を喚起し、主体的に学びを深めることができると考える。

3 **「たくトーク」について**

　託麻東小学校では、「託東タイムの学びを大切にしたペア・グループトーク」のことを「たくトーク」と名前をつけ、授業の中で活用している。教員は《課題解決の視点》と《かかわり合いの視点》の両方をもち、自然と価値づけ（ほめる・認める等）することを心がけている。また、「たくトーク」は授業改善の視点として次の３つに分けて取り入れるようにしている。

　　たくトーク①「全員参加を促すたくトーク」

　　たくトーク②「学びを整理するたくトーク」

　　たくトーク③「学びを深めるたくトーク」

4　本時の学習

(1) 目標　かけても、ひいても答えが同じ分数同士の組み合わせを見つける活動を通して、分数計算の習熟を図るとともに、分数計算の不思議さ、おもしろさ、美しさを味わう。

(2) 展開

学習活動	教員の発問(●) 子どもの反応(・)	備考(※) 評価項目(◇)
1 本時の課題をつかむ。	●3/4と仲良しな分数を見つけよう。 $\frac{3}{4}$　$\frac{1}{3}$　$\frac{4}{3}$　$\frac{3}{7}$　$\frac{1}{2}$　$\frac{2}{3}$	※分数カードの裏にはイラストが貼ってあり、めくると、仲良しかどうかすぐにわかるようになっている。
	●予想が立ちましたか？　隣の友達とたくトーク(①)してみよう。 ・4/3だよ！　だって、逆数だもん。 ・3/7かな。分子が同じだし…。 ●じゃあ、みんなが予想したものをめくってみよう。 ・あれ、4/3の裏はバカボンのパパだ。仲良しじゃない。 ・3/7がのび太のイラストだ。でもなぜ仲良しなんだろう…。 ●では、この2つの分数を「□×○」「□−○」の式にそれぞれ当てはめ、計算してみよう。 　3/4×3/7＝9/28 　3/4−3/7＝9/28 ●計算をして、気づいたことをたくトーク(②)してみよう。	※3/4の分数カードはドラえもんのイラスト。子どもたちにはのび太のイラストがどれか探してもらう。 ※ペアの友達と協力して、かけたり、ひいたりしながら仲良し分数かどうか、確かめる。

> **どんなときに、仲良し分数になるのだろう？**

学習活動	教員の発問(●) 子どもの反応(・)	備考(※) 評価項目(◇)
2 提示された4つの分数から2つ選び、かけても、ひいても答えが同じになる組を見つけ、気づいたことを話し合う。(分子が1の場合)	●みんなは、分子が同じなら仲良し分数になると予想を立ててくれたね。この予想が正しいかどうか確かめてみよう。 (提示する4つの分数) $\frac{1}{3}$　$\frac{1}{4}$　$\frac{1}{5}$　$\frac{1}{7}$ ・1/3と1/4の組は仲良しだ。 ・同じ分子でもならないときがある。	◇答えが同じになる分数の組を見つけるために進んで計算しようとしている。(発言・ノート)

	【答えが同じになる場合とそうでない場合を分けて、板書する】 【答えが同じになる場合】 1/3×1/4＝1/12 1/3−1/4＝1/12 1/4×1/5＝1/20 1/4−1/5＝1/20 【答えが同じにならない場合】 1/3×1/5＝1/15 1/3−1/5＝2/15 1/5×1/7＝1/35 1/5−1/7＝2/35	◇答えが同じになる場合について自分なりに考えをもち、表現しようとしている。（ノート・観察）
	●分子が同じでも、いつでも仲良し分数になるわけではなさそうだね。では、どんなときに仲良し分数になるのだろう？ ペアの友達とたくトーク（②）してみよう。 ・分母の数が連続しているとき、仲良しになりそう。 ・分母が離れた数だと仲良しじゃない。 〈Aさん〉でも、3/4と3/7は分母が離れているよ。あ、そうか。分母の差と分子が同じ数なら仲良しなんだ。 ●今、Aさんが話したこと、気持ちが伝わったかな。Aさんが話していたことについて、たくトーク（③）してみよう。 ・ということは、分子が2でもできそう！	◇答えが同じになる条件を、自分の言葉でまとめている。（ノート）
3　分子が1以外の場合について、かけても、ひいても答えが同じになる分数を考える。	●分子が2の場合についても調べてみましょう。 ・2/3×2/5＝4/15 　2/3−2/5＝4/15 ・2/5×2/7＝4/35 　2/5−2/7＝4/35 ・分母の数の差が2のときに、答えが同じになった。 ・分子が3の場合は、分母の数の差が3になればいいかもしれない。	
4　本時の学習の振り返りをする。	●今日、何がわかったのか、そして、何ができるようになったのか、ペアの友達とたくトーク（③）しましょう。	

50

スリンプル・プログラム実施上の Q＆Aと留意点20

　スリンプル先進校もさまざまな"壁"に直面し、悩みながら知恵を絞り、それを乗り越え、実践を続けています。ここでは、これまで多く寄せられた質問20と、それへの回答・留意点を紹介します。

Q1　活動を10年続けるために大事なことは何でしょうか？

①時間割に組み込む。

②熱意をもって取り組む担当者がいる。

③管理職の理解がある。

④教員の負担軽減のために準備物は少なくする。

⑤新しく赴任した教員用の「○○タイム」マニュアル（ファイル、ワークシート等）がある。

⑥いつでも誰でも使えるように、共有フォルダにデータを保存しておく。

⑦全校児童生徒に活動の意義を説明する機会を用意する。

⑧どの教員も研修を受けて「知っている」。

Q2　"一枚岩の実践"に向け、おすすめの研修はありますか？

①校内研修会で、まずは教員同士で実際に「○○タイム」の活動をやってみる。

②年に１、２回、校内研修会で筆者（曽山）の話を聞くのもおすすめ。

Q3　教員が一枚岩となり"ねらい"（自尊感情とソーシャルスキル）を達成するための工夫としてどのようなことがありますか？

①教務主任や校務主任も交えて各学年の代表教員（１、２名）で実

践状況の報告や相談事項について話し合う場（部会）を設ける。

②前年度から「○○タイム」を実践している中心教員による校内研修などを設けて、年度はじめに"ねらい・統一事項"について確認する場をつくる。

Q4　管理職や担当者が異動になります。どのようにすると引き継ぎがスムーズにできるでしょうか？

①早めに後継の担当者をつくっておく。

②予定を組める立場（教務主任等）の教員が「○○タイム」実践の中心メンバーに入るようにする。

Q5　全国各地の実践の中でうまくいっている学校に共通していることは何でしょうか？

①管理職の熱い思い。

②プログラム推進部等、分掌組織への位置づけ。

③プログラム推進リーダーの存在。

④時間割への組み込み。

⑤年に1、2回のスーパーバイザーによる校内研修。

Q6　"自己流"にこだわり、「○○タイム」を理解しようとしない教員がいて困っています。どうすればよいでしょうか？

「なぜ型を大切にするのか」を確認し合うことが最も大切です。先進校の中では「○○タイム部をつくり、定期的に会議を開いて型の

統一を図っている」「○○タイム部に、あえて気持ちの乗らない教員をメンバーに入れる。人は役割を与えられると頑張る。今では全校一枚岩を推進するようになっている」という声もあり

ます。参考にしてください。

Q7　SSTの面から特に大切にしてほしいこと、SGEの面から特に大切にしてほしいことは、それぞれありますか？

　SSTは"行動の教育"ゆえ、必ず評価、つまり"価値づけ"を行います。SGEは"感情の教育"ゆえ、必ず"気づきの振り返り（シェアリング）"を行います。

Q8　「○○タイム」は、特別支援教育推進の点で役立つでしょうか？

　学級・学校にインクルーシブ文化が育まれるためには、子どもたちが"一緒に過ごす""かかわる"ことが大切です。スリム＆シンプル、型、短時間、楽しい等の要素によって構成される「○○タイム」は、子どもたち皆が活動しやすく、インクルーシブ文化の推進に奏功します。

Q9　「アドジャン」等の演習のお題を毎回替えれば子どもの関心は高まり、"飽きず"に取り組めると思います。なぜ、そのような工夫・アレンジを担任がしてはいけないのでしょうか？

　関心・意欲向上を目的に毎回お題変更が必要となるプログラムでは教員の負担が多くなり、実践継続が難しくなります。

　たとえ同じお題「好きな食べ物は？」であっても、ペア・グループを替え「前とは違う友達の答えが聞けるね」と言葉をかけたり、「他に好きな食べ物は？」などと問いかけたりできます。さまざまな言葉かけの工夫・アレンジこそしてほしいです。

Q10 この活動で子どもと"遊ぶ"必要性を感じません。本当に学校教育の場面で「○○タイム」のような"遊び"が必要なのでしょうか?

「○○タイム」は"遊び"ではありません。子どもは遊ぶが如く、しかし、私たち教員は子どもの"かかわりの力"を育む教育をしているのです。

私が子ども時代を過ごした昭和40～50年頃は、「○○タイム」のような活動は学校教育で行ったことがありませんし、行う必要も特になかったでしょう。子どもは家庭・地域で"かかわりの機会"が多かったからです。

"かかわりの機会"が少なくなっている現代だからこそ、さまざまに工夫して"かかわりの機会"を提供する必要があるのです。

Q11 「アドジャン」等は、以前からアイスブレイクとして活用していました。「○○タイム」は、アイスブレイクとは違うのでしょうか?

アイスブレイクで活用する「アドジャン」は"雰囲気づくり"がねらいです。「○○タイム」で活用する「アドジャン」は"ソーシャルスキル&自尊感情育成"がねらいです。それは、結果的に温かな雰囲気づくりともなるでしょう。

Q12 グループアプローチの手法はさまざまにあるが、なぜ、「○○タイム」を支える手法をSSTとSGEの2つに限定しているのでしょうか?

第2章でも触れましたが、特別支援教育を専門とする筆者にとって、行動理論をベースとするSSTは以前から馴染みがありました。また、SGEに触れたのは病弱養護学校での勤務時代です。その後、國分康孝先生に師事し、SGEを本格的に学び、私自身も含めてさまざまな研究で明らかにされているように、この2つは子どもたち

の"かかわりの力"を育てるのに大変効果があると確信したからです。しかし、例えば、対人関係ゲーム、グループワーク・トレーニング等が手法として馴染むならばそれはそれでよいとも思います。

Q13　価値づけの際、子どもの名前を呼べば、その子の行動はよい方向に導けると思います。また、振り返りでも、発表させることで各自の振り返りに拡がりが出ると思います。名前を呼んだり、発表させたりすることはいけないのでしょうか？

　週1回10分の「○○タイム」では名前を呼ぶとしても、数人しか呼ぶことができません。自信がない子をほめたいのであれば、机間指導の際にほめればよいでしょう。振り返りで発表させるのも、挙手する子がいつも同じということがあります。すると、ほめられる子もいつも同じとなり、認められ感の差がついてしまいます。

　ゆえに振り返りは、個人やグループ等で行うことが望ましいと考えます（各教科等の授業では、発表の場をさまざまに用意できるため、その限りではありません）。

Q14　価値づけの大事さは理解していますが、かける言葉がいつも同じような、「えらいね」「いいね」等で悩んでしまいます。どのような言葉をかけるとよいのでしょうか？

　「えらいね」等のほめ言葉（プラスのユーメッセージ）だけではなく、「うれしいなぁ」（プラスのアイメッセージ）等の勇気づけの言葉も効果的です。また、教員が子どもたちを見て、うなずいたり、にっこり笑ったり、非言語による価値づけも大事にしたいものです。

Q15　演習はペア、グループのどちらがよいですか？

　子どもたちの状況を考慮して進めるとよいでしょう。小学校低学

年はペアがやりやすいという声が多く届いてい
ます。また、コロナ禍が完全収束せず、マスク
着用が続くならば、ペアでの"ドライビング・
トーク"（向き合わないで、同じほうを向いて話
す）をおすすめしたいです。

Q16　タイマーを使って、時間を守りながら演習を進めたいのです が、それでよいでしょうか？

　タイマー禁止ということではありませんが、私自身は腕時計を使
い、時間になったら、「はーい、キリのよいところで終了してくださ
い」と声をかけて活動を止めることが多いです。少し早めに終了し
たり、時間を延ばしたり、私自身が時間調整できるからです。

Q17　振り返りが難しい特別支援学級ではどうすればよいでしょう か？

　子どもたちの状況によりますが、「挨拶」「うなずき」等のスキル
に関し、「○○君、今日はできましたか？」と確認する振り返りもよ
いでしょう。

　ただし、無理することはなく、それらのスキルに関して、「きちん
とうなずきができていたよ。みんなえらいなぁ」等のほめ言葉によ
る価値づけをし、ＳＳＴのみで構成する「○○タイム」でもよいと
考えます。

Q18　演習に取り組むことを嫌がったり、拒否する、やろうとしな い子どもに対してどう対応するとよいのでしょうか？

　私たち教員は一般授業でも、さまざまに拒否反応を示す子どもを
前にすることがあります。そのとき、状況に応じて、声をかけたり、

様子を見たりすると思います。それと同じで、「○○タイム」が特別ではありません。無理強いしないのは大原則です。

活動の意義を伝えることで改善したり、最初は「時計係」等の役割をこなしたりするうちに徐々に活動に入ることができるようになったり、という事例があります。

Q19　自尊感情の高まりは、どうやって検証していますか？

子どもの行動観察が一番です。しかし、それだけでは十分とはいえないため、子どもたちの振り返り記録やQ－U等の客観尺度も活用して検証するとよいでしょう。複数の物差しを当てることをおすすめします。

Q20　全校"一枚岩の実践"のスタートが切れそうにありません。そんなときにはどうすればよいでしょうか？

まずは、自分の学級活動（高校はホームルーム活動）の10分を使って、「○○タイム」を週1回実施すればよいです。子どもたちの成長が見えてくると、他の教員も関心をもち始めます。そこから全校展開に進んだ学校もあります。

「飽きた〜」等の"駄々"に付き合いすぎない：「駄々っ子理論」

理論とは「個々の事実・現象などを統一的に説明するために、筋道を立てて組み立てられた知識の体系。筋道のとおった原則的な考え方」（『明鏡国語辞典』）のことです。私はこれまでに体験したさまざまな教育的事実・現象をわかりやすく説明するため、比喩表現を用いた「○○理論」として整理・提言してきています（「ハンカチ理論」「豆まき理論」など）。

Ｑ９にあるような「お題への飽き」に関する実践上の悩みを耳にすることも多くあるため、私は「駄々っ子理論」という考え方をまとめています。

以下、資料４とともにＱＲコードによる動画もご覧ください。

資料４（1）

小さい子どもの「駄々」

・「パパ～、歩けない、おんぶ～」
→ パパの私が、「ハイハイ」と言うと思いますか？

〈私の主張〉
「どうした？ そっか、疲れちゃったか～」と気持ちを受け止める。「でも、パパは、〇〇は**１人で歩ける**と思うなぁ。だから、パパと**手をつないで歩こうか**」「あそこに見える大きな**木まで頑張って歩こうか**。そのあと、パパが次の木までおんぶしてあげるよ」「１人で頑張って歩いたね。えらいなぁ」

資料４（2）

生徒の「駄々」

・「アドジャン、また、同じお題。飽きた～」
→ 教員の私が、「ハイハイ、新しいお題にしたよ」と毎回、対応すると思いますか？

〈私の主張〉
「そっか、飽きちゃったのか」と気持ちを受け止める。「でも、メンバーが替わるよ。違いを楽しめばいいよ」「『好きな食べ物』も『行ってみたい国』も、先週と違う答えが言えるんじゃないの？」

数名の「駄々」に負けると、
アドジャンの「スリンプル」が消えていく

資料4（3）

思いの伝え方のポイント整理

1．子ども、生徒、大学生の「思い」を受け止める。
　　　　例：なるほど、そう思っているんだね…等

2．その上で自分の思いも大事にして伝える。

> さわやかに自己主張しよう！
> 「アサーション」でいこう！

> 「正しいことを言うときは、少しひかえめに…」
> 　（吉野弘「祝婚歌」より）

「POCKET」

> 「駄々」に負けず
> 思いを語り続ける

　最後に、私の「○○タイムの意義」についての講話を聴いた愛知県あま市立七宝中学校3年生は、

　「もしも○○タイムというものがなかったら同じクラスの人とそんなにしゃべっていなかった」

　「メンバーが違うと意見が違うから○○タイムは楽しくて盛り上がる」

という感想を寄せてくれました。次ページに紹介します。お題を替える工夫以上に、メンバーを替える工夫こそ大切、ということがよくわかります。

私は今日の話を聞いて○○タイムはすごいものなんだなと改めて思いました。もしも○○タイムというものがなかったら同じクラスの人ともそんなにしゃべっていなかったなと思いました。○○タイムのフリートークはその前にやったことについて詳しく知ることができるうえにさらに他の人と距離を縮められると思いました。私はいつも放課にしゃべっている人だけでなく色んな人と交流ができるシェアタイムが大好きです。○○タイムを作ってくれた曽山和彦先生に感謝です。○○タイムがなかったら今の自分にどうだったのかなと思いました。そのぐらい○○タイムはすごいものだと思います。○○タイムの伝統をしっかり受けついで後輩たちにつなげていこうと思いました。メンバーが違うと意見が違うから○○タイムは楽しくて盛り上がるのだと思いました。そして話す力やコミュ力向上にもつながるので悪いことなしだと思いました。"人が人になるには人が必要"という言葉はすごくいい言葉だと思いました。○○タイムをすることで他の学年たちに積極的にあいさつをすることが増えました。私の生活態度を良い方向にもっていってくれた○○タイムにありがとうございますという気持ちでいっぱいです。

〈参考文献〉

國分康孝・國分久子総編集（2004）『構成的グループエンカウンター事典』図書文化社

滝沢洋司（2004）「アドジャン」國分康孝・國分久子総編集『構成的グループエンカウンター事典』図書文化社

瀬尾尚隆（2004）「二者択一」國分康孝・國分久子総編集『構成的グループエンカウンター事典』図書文化社

浅川早苗（2004）「質問ジャンケン」國分康孝・國分久子総編集『構成的グループエンカウンター事典』図書文化社

河村茂雄編著（2001）「いいとこ四面鏡」『グループ体験によるタイプ別！ 学級育成プログラム―ソーシャルスキルとエンカウンターの統合　中学校編』図書文化社

第4章

スリンプル・プログラムの実践校の取り組み

※各校の児童生徒数、教職員数、学級数は、令和5（2023）年5月1日現在です。

I 10年継続実践 「かかわり文化」完成

愛知県刈谷市立依佐美中学校

学校の概要

　依佐美中学校は、生徒数701名、教職員数62名、学級数22の中規模校。愛知県刈谷市南部に位置し、高浜市・安城市と隣接。田園風景と住宅街がバランスよく広がる落ち着いた校区環境。3小学校区から登校する生徒の約9割が自転車通学です。

「よさっぴタイム」導入の経緯

　「よさっぴタイム」は、互いの良さを認め合い、自己肯定感をもって主体的に学ぶ生徒の育成をねらい、平成23（2011）年度から導入に向けた検討が始まりました。生徒のコミュニケーション能力を高めるためのグループワークに以前から取り組んでいた本校ですが、継続実践という点で課題がありました。そうした中、出会ったのが、曽山先生の提唱するプログラムです。「自分にOKと言えなければ他者にはなおさらOKとは言えない」という先生の言葉に共感した教員が、先生を校内研修会に招聘しました。その研修会をきっかけに、まずは教員間のソーシャルスキル向上を図る研修が始められ、そこから「よさっぴタイム」が誕生しました。以降、毎年、研修を重ね、「よさっぴタイム」の深化を図りつつ、現在に至っています。

「よさっぴタイム」の実際、実践の「売り」

(1) ねらいを明確にして取り組む

　「よさっぴタイム」は、より良い人間関係を築くコツや技能の習得および自己肯定感の向上を目的としています。そのため、ソーシャルスキル・トレーニング（ＳＳＴ）と構成的グループエンカウンター（ＳＧＥ）を統合したスタイルで、生徒の実態に即した意図的・計画的な取り組みとなるように心がけています。

　この「よさっぴタイム」は、毎週月曜５時間目の前に10分間設定しています。全校で以下の共通確認事項のもと、取り組んでいます。

> ### 「よさっぴタイム」の共通確認事項
> ①質問を難しくしない。誰でも答えられるものにする。
> ②うなずきながら聴き、相手が話しているときは遮らない。
> ③もっと詳しく話を聴きたいときはフリートークの時間に尋ねる。
> ④相手を否定することを言わない。
> ⑤生徒も教員も楽しむ。ただし、教員はねらいをもって行う。
> ⑥良いと感じたことは、その場で具体的にさらっとほめる。
> ⑦アイメッセージを活かす。
> ⑧一人一人が安心して話せる時間と環境を整える。

　この共通確認事項の①については、質問に対して「パス可」としています。しかし、パスが続くことは人間関係づくりの趣旨と合わないため、誰もが答えやすい質問にすることで、パスのない交流となるよう心がけています。また、②④⑥に見られるように生徒の自

```
┌──────────────────────────────┐
│ 🐯  よさっぴタイム             │
├──────────────────────────────┤
│ ◇ お願いします。 ＆          │
│   ありがとうございました。    │
│ ◇ うなずきながら聴く。        │
│ ◇ 指示をよく聴く。            │
└──────────────────────────────┘
```

己肯定感が高められるよう、受容の姿勢を大切にしています。この姿勢が信頼関係や人間関係づくりの意欲へとつながることをめざします。

　「よさっぴタイム」のルールは「お願いします＆ありがとうございました（挨拶をする）」「うなずきながら聴く」「指示をよく聴く」の３つです。これは、生徒たちに改めて意識してほしいこととして、開始時に担任が黒板に掲示しています。

(2) 生徒の実態に即した演習で取り組む

　「よさっぴタイム」では下記の11種類の演習から、その時期の生徒の実態に即したものを選び、毎週実施しています。この中で、①は自己紹介の要素を含むため主に年度当初に行い、⑪は学期を通して感じた仲間の良いところを伝え合う要素を含むため学期末に行います。全員が同じ方向を向いて行うことのできる②は、コロナ禍の状況にマッチしていました。⑦や⑧は、恥ずかしがらずに自己開示することが目標であるため、人間関係がある程度構築されている学期後半に行うのがよいです。

　これらの演習からどれを行うかは、よさっぴ部会の４名の担当教員が協議して決めます。生徒の実態に即し、かかわりの中で自己肯定感を高めていくこと

```
┌──────────────────────────────┐
│    「よさっぴタイム」演習      │
├──────────────────────────────┤
│ ① ネームゲーム                │
│ ② 後出しジャンケン            │
│ ③ アドジャン（10問）          │
│ ④ アドジャン（5問＆問題作成） │
│ ⑤ アドジャン（5問＆話形指定） │
│ ⑥ 二者択一                    │
│ ⑦ 質問ジャンケン              │
│ ⑧ １分間スピーチ              │
│ ⑨ アドジャン＆１分間スピーチ  │
│ ⑩ 二者択一＆１分間スピーチ    │
│ ⑪ いいとこ四面鏡              │
└──────────────────────────────┘
```

ができるよう、教員全員が共通理解をもって取り組むことを心がけています。

(3) 全教員による共通理解の上で取り組む

「『よさっぴタイム』導入の経緯」でも述べたように、年度当初、必ず全教員で「よさっぴタイム」の研修を行います。よさっぴ部会教員が担任役、他教員が生徒役となって実際に演習を行いながら、進め方と要点を確かめていきます。前述の「共通確認事項」についても、この機会に共通理解を図ります。

この研修に合わせ、全教員に「『よさっぴタイム』指導案集」も配付されます。11種類の演習は、この「指導案集」にすべて収録され、担任はこれを確認しながら毎週の活動に臨みます。巻末には「出身小学校はどこですか」「誕生日はいつですか」など、「アドジャン」等で使いやすい40の質問を掲載しています。

また、この「指導案集」の最初の頁には「よさっぴタイム」導入

の経緯が記されています。導入から10年以上が経過し、当時の状況を知る教員がいなくなった今、導入時の志を受け継ぎ、よりよい「よさっぴタイム」が展開されるよう全教員で知恵を絞っていきます。

「『よさっぴタイム』指導案集」

取り組みの成果と課題

(1) 成果

「よさっぴタイム」の継続により、生徒たちのソーシャルスキルの

授業で、「よさっぴトーク」をする生徒たち

向上、生徒同士の豊かな人間関係づくり等における一定の成果は現れています。特に男女を問わず自然に意見交流する生徒たちの様子からは、仲間とのかかわりを肯定的に受け止めようとする前向きな気持ちが感じられます。

　こうして身につけたスキルは、学校生活のさまざまな場面で活用されつつあります。その一例として、教科授業などでもペア・グループ活動の際には、生徒の思考を深めたり、広げたりするための手立てとして「よさっぴトーク」を積極的に取り入れています。どの学年・学級も男女関係なく、意見交流をスムーズに行う様子が見られます。この利点を生徒たちの学力向上につなげられるよう、より効果的なペア・グループ活動の在り方について研究し、授業実践に活かしていくことをめざし、主題研究に取り組んでいます。

(2) 課題

　互いの良さを認め合い、自己肯定感をもって主体的に学ぶ生徒の育成をめざして取り入れた「よさっぴタイム」ですが、「自己肯定感を高める」という点においては、まだ課題を感じます。肯定的に意見を聴き合うことのできる優しさや素直さが感じられる一方で、進んで発信しようとする自信や積極性には今一つ結びついていないのが現状です。

　本校では現在、教育目標のキーワードに「挑」を掲げ、挑戦することの価値や尊さを生徒たちに伝え、自信や積極性を高めようとし

ています。

　今後、これと並行して取り組んでいきたいことの1つに、「よさっぴタイム」の深化があります。なかでも改めて見直したいのが前述した、「よさっぴタイム」の共通確認事項です。「よさっぴタイム」を毎週行っていく上で、教員は明確なねらいをもって行うことができているか、アイメッセージを活かし、生徒たちの自己肯定感を高めようとしているか等、教員自身の意識向上を図ることで、生徒たちの自己肯定感の向上につなげていきます。

II 10年継続実践 「かかわり文化」完成

愛知県西尾市立米津小学校

学校の概要

米津小学校は、児童数444名、教職員数31名、学級数18の中規模校。創立140余年を迎える学校です。校区には農・商・工すべての産業があります。外国籍労働者用の住居が増え、外国にルーツのある児童も10％を超える状況で、それに伴う問題も増えてきています。学校マスコットキャラクター「こめたん」は、米っ子（米津小学校の子ども）たちだけでなく、保護者・地域からの人気も高いです。

「米っ子タイム」導入・継続の経緯

「米っ子タイム」は平成25（2013）年から行っています。私（丹羽圭介）が校長として赴任したとき、「米っ子タイム」は、前々校長・前校長のもと、すでに4年を経ていました。新校長にはさまざまな立場の方がアドバイスをくださることがあり、「前のしがらみに縛られず、思う通りに新しくやりなさい」と言われることが多くあります。当初、私は「米っ子タイム」をどう扱うか決めかねていました。あるとき、曽山先生とのやりとりの中で「『文化とは、ある民族・地域・社会などでつくり出され、その社会の人々に共有・習得されながら受け継がれてきた固有の行動様式・生活様式の総体のこ

と』という定義に則るならば、実践を経て素晴らしい"子ども育成の文化"が『米っ子タイム』として結実してきていると感じます」という言葉をいただくことがありました。さらに「10年続いたならば、それは文化となります」というお話もありました。

　私は、隣の小学校に勤務していたときに見聞きした米っ子たちの様子と、赴任してからの彼らの様子を見比べ、「ビフォー米っ子タイム」と「アフター米っ子タイム」で、彼らは明らかに変わったと感じていました。そして、この文化の芽生えを、より確実なものにしていくためにも「米っ子タイム」を継続していくことが肝要だと考えました。"不易と流行"という言葉がありますが、正に「米っ子タイム」は、本校にとって不易なものであると感じたのです。

　「米っ子タイム」導入の経緯は、当時、担任・研究主任であった加藤多恵子先生（現・西尾市立鶴城小学校長）の言葉をもとに、以下、振り返ります。

　加藤先生は本校赴任2年目の3月、前々校長から曽山先生の著書を4冊渡され、来年度研究主任になることを伝えられました。校長は、当時「よさっぴタイム」を始めていた依佐美中学校長（本章I参照）と知己を得、その有効性を感じ取っていました。

　その時期、3年間の市の委嘱研究と発表会が計画され、子どもたちの問題に悩んでいた本校では、グループアプローチを主体とした「かかわりの力の育成」にその解決を求め、中堅教員であった加藤先生に託したのでした。加藤先生は、曽山先生の著書を読み、かかわりの力を活かした授業づくりを構想していきます。

　研究主任となった加藤先生は、依佐美中学校における曽山先生の現職教育に参加したり、先進校であった岡崎市の小学校や、いなべ市の小学校等の実践を参考にしたりしながら、学年ごとに1年間のかっちりとしたプログラムを他の研究推進委員とつくりあげました。

2学期から「米っ子タイム」を開始するため、夏休みに曽山先生にそのプログラムを見ていただきました。しかし、曽山先生の言葉は「もっとシンプルなものに」という、思ってもいないものでした。もちろん今なら曽山先生が提唱する短時間グループアプローチの意図するところを理解できますが、当時は「ちゃぶ台をひっくり返された気分だった」と、加藤先生は笑いながら語りました。その後、加藤先生と研究推進員会は、曽山先生のアドバイスをもとに「米っ子タイム」を次のようにスリムでシンプルなものにしていきました。

①毎朝8：15〜8：30の15分間に行っている朝の学習の時間の金曜
　日を「米っ子タイム」にあてる。
②ＳＳＴ（ソーシャルスキル・トレーニング）やＳＧＥ（構成的グ
　ループエンカウンター）の演習の中から、「どちらをえらぶ（二者
　択一）」「しつもんジャンケン」「アドジャン」「いいとこみつけ（い
　いとこ四面鏡）」の４つを行う。
③「よねっこタイムのやくそく」として、「ともだちが　にこにこがお
　になるように！」「せんせいやともだちのはなしは　うなずいてき
　こう！」「おねがいします　ありがとうございましたを　わすれず
　に！」の３つを子どもたちに意識させ、また、教員も意識して指
　導を行う。

　以上のような形に変更して、10月から全校で「米っ子タイム」を開始したのでした。

 ## 「米っ子タイム」の成果（もたらしたもの）

　前述の通りスタートを切った「米っ子タイム」ですが、加藤先生

は「ベテランの先生方を納得させるのが一番大変でした」と述べて
います。自分のやり方が確立している教員に、新しいものを取り入
れてもらうためには中堅教員の頑張りだけでは難しい面がありま
す。管理職、教務主任等による雰囲気づくりがとても大切となりま
す。これが曽山先生の言う"一枚岩"の教員集団づくりだと考えて
います。この"一枚岩"づくりの難しさも「米っ子タイム」を続け
ていくことで次のような成果が出始めるとどんどん好転していった
と、加藤先生は言います。

・「毎休み時間、当たり前のように靴隠しがあった状況が劇的に変
　化」「いじめ、いやがらせの減少」「生活アンケートにおけるいじ
　め等の訴えが激減したと、生活指導担当教員がうれしそうに報
　告」等々。「米っ子タイム」により子どもたち同士のかかわりを増
　やすことで、相手のことを理解しようとするかかわりの力が身に
　ついていった。また、「どうせわかってもらえないんだ」とあきら
　めるのではなく、思いを相手にきちんと伝えなくてはいけないと
　いう考え方ができる子どもも増えていった。
・授業においても、自分勝手に話をしたり、相手の考えを否定した
　りするような発言やつぶやきが減っていった。これは、相手の話
　をきちんと聴こうという力が定着していったからだと考える。
・当初、「米っ子タイム」で育ちつつあったかかわりの力を、すべて
　の教員が授業に活かしきれていない現状があった。加藤先生は、
　ある授業で子どもたちに「米っ子タイムのようにやってごらん」
　という一言をかけたとき、パチンとスイッチが入った感じを受け
　たという。その言葉を聞いた子どもたちは、本当に自然にペアや
　グループでの対話の場面に移り、息の長い意見のあるかかわりあ
　いの場面が見られた。さらにそれがクラスの全体対話へと自然に

つながっていった。このときを機に、子どもたちのかかわりあいを促進する手立てとして、授業における「米っ子対話」を活用していった。やがて授業がうまく動くようになり、学力も向上していった。

本校実践の"売り"：変えなかったこと・変えてきたこと

　令和4（2022）年度、10年目を迎えた「米っ子タイム」は、基本的な部分をほとんど変えずに行ってきています。「金曜日は米っ子タイム！」という合言葉の実践が続いています。担任全員の研修ができていない年度当初と、特別な行事が入らない限りは実施しています。これは、やることが当たり前という意識を、子どもたちにも教員にももたせることが必要と考えるからです。「呼吸するように」当たり前なもの…、「米っ子タイム」はそうありたいです。

　続いて、「米っ子タイム」10年の継続実践の中で、変えてきたことは次の2点です。

①教員チェンジ　令和元（2019）年度（実践7年目）から導入。担任以外の教員が「米っ子タイム」を行うことで、子どもたちには新鮮さと少しの緊張感を与えられます。また、教員に対しては、基本4演習「どちらをえらぶ」「しつもんジャンケン」「アドジャン」「いいとこみつけ」を、誰がどのクラスに入ってもできるようにすることを目標としています。担任によっては、この試みに抵抗を感じる様子も見られますが、「教員チェンジ」の意義を丁寧に確認しつつ、楽しむことのできる教員集団でありたいと考えています。

②1分間スピーチ　令和2（2020）年度（実践8年目）から5・6年生に対して、基本4演習に加えて「1分間スピーチ」を導入。4人

組になり、順に「今週の出来事」というテーマで「１分間スピーチ」を行っています。トークに慣れてきた高学年対象ですが、トークを苦手としている子へのフォローとしては、１分間話が続かない場合、グループメンバーから質問をするように声かけしています。子ども・教員双方にとても好評で、楽しそうに話をする子どもたちの様子が見られます。今後は様子を見ながら、中学年でも取り入れようと計画しているところです。

＊

「10年続いたならば、それは文化となります」…。曽山先生の言葉をお借りするならば、「令和４年（2022）年度、米っ子タイム文化完成」です。いつまでも当たり前に「米っ子タイム」が展開される米津小学校でありたいです。

※丹羽圭介校長は、令和５年３月をもって教職を退任されました。

III 生徒が"かかわりの力"の成長を発表

三重県四日市市立三重平中学校

学校の概要

　三重平中学校は、四日市市中央部、約50年前に造成された三重団地の一角に立地。ピーク時は700名以上の生徒数を数えましたが年々減少し、現在籍数は214名、教職員数29名、学級数8。校区のほとんどを占める団地は一戸建てが多く、一角には市営住宅があります。校区には、生活保護受給者や外国にルーツのある人も多く居住しています。就学援助世帯は毎年20％前後。かなり荒れた時期もありましたが、現在の学校状況は安定しています。

「平っ子タイム」導入の経緯

　平成24（2012）年度、生徒の実態を鑑み、コミュニケーションに必要なソーシャルスキルを身につけ、自尊感情を高めることを目的とした取り組みを行うこととし、まずは曽山先生を講師に、ソーシャルスキル・トレーニング（ＳＳＴ）と構成的グループエンカウンター（ＳＧＥ）に関する研修を実施しました。また、同年、三重平中学校区として三重県教育委員会の「いじめを許さない絆プロジェクト推進事業」の指定を受けました。そのプロジェクトで、校区内の小学校が早々に曽山先生を招聘して研修を受けたことが、後の

「平っ子タイム」へとつながりました。

　平成26（2014）年度途中、生徒指導委員会からの「月曜日に実施していた学力向上タイムを『平っ子タイム』と命名し、全校体制で取り組む」という提案のもと、依佐美中学校（本章Ⅰ参照）の内容をほぼ踏襲する形で、実践のスタートを切りました。依佐美中を参観した教員が中心となり、「アドジャン」「二者択一」「いいとこ四面鏡」などの演習を用意しましたが、学年によって取り組みに差があり、全校体制としての「平っ子タイム」と呼べるものではありませんでした。

　それでも、当時の生徒の振り返りには、「学級のみんなの笑顔が増えた。誰とでも仲良くできている」「いいとこ四面鏡で、自分がどう思われているかがわかった。他人のことを考えるときも楽しく考えられた」等、取り組みへの肯定的な声が多く寄せられ、本格的な「平っ子タイム」スタートに向けた追い風になりました。

活動定着に向けた具体方策と実践の“売り”

　平成27（2015）年4月、毎週月曜日の放課後直前の10分間を「平っ子タイム」として時間割に組み込んだことにより、全校体制としての形が整いました。その後、3年を経て、「平っ子タイムはするのが当たり前」というほど定着し、年度はじめの校内全体研修会や年に数回実施される中学校区（こども園、幼稚園、小・中学校）合同

平っ子タイム計画 2022年度

回数	日程	内容	備考
1	4／11	アドジャン　1回目	
2	4／18	アドジャン　2回目	
3	4／25	アドジャン　3回目	
4	5／2	アドジャン　4回目	
5	5／9	アドジャン　5回目	1年生自然教室
6	5／16	アドジャン　6回目	
7	5／30	いいとこ四面鏡	班替えのタイミングで
8	6／6	二者択一　1回目	
9	6／13	二者択一　2回目	
10	6／20	二者択一　3回目	
11	7／4	二者択一　4回目	
12	7／11	二者択一　5回目	
13	9／5	アドジャン　7回目	
14	9／12	アドジャン　8回目	
15	9／26	アドジャン　9回目	
16	10／3	二者択一　6回目	
17	10／17	二者択一　7回目	
18	10／24	二者択一　8回目	
19	10／31	いいとこ四面鏡	班替えのタイミングで
20	11／7	1分間スピーチ	
21	11／21	1分間スピーチ	
22	11／28	1分間スピーチ	
23	12／5	1分間スピーチ	
24	12／12	1分間スピーチ	
25	12／19	1分間スピーチ	
26	1／16	1分間スピーチ	
27	1／23	いいとこ四面鏡	班替えのタイミングで
28	1／30	1分間スピーチ	
29	2／6	1分間スピーチ	
30	2／13	1分間スピーチ	
31	2／20	1分間スピーチ	
32	2／27	1分間スピーチ	
33	3／13	1分間スピーチ	
34	3／20	1分間スピーチ	

★「いいとこ四面鏡」は班替えのタイミングでやりたいので、
　各学年の班替えのタイミングに合わせて変更予定です。

★ これくらいシンプルなほうがいいそうです(曽山先生お墨付き)。

研修会で「平っ子タイム」体験を行うようにもなりました(前ページ写真)。毎年度当初、曽山先生の研修を実施し、新たに赴任した教員への共通理解を図ったり、「平っ子タイム」の実践がぶれていないかチェックしたりするようにしています。

　これまでの実践を振り返ると、教員のアレンジやオリジナルなやり方なども時折出てきましたが、そのつど曽山先生から"型"の大切さやねらいを明確かつシンプルにすること等の助言を受け、教員・生徒にとって、より簡単で効果的な取り組みへと変わっていきました。

以下、本校実践の3つの"売り"を紹介します。

①「平っ子タイム」の超シンプル年間計画　前ページに紹介した表のような年間計画を立てます。シンプルだから長続きする！

②お題提示法「三重平スタイル」「アドジャン」と「二者択一」のお題をA3サイズでラミネートし、各教室に常置します（写真）。

お題を提示する
「三重平スタイル」

③全校行事「私の主張大会」　平成8(1996)年度から実施している「私の主張大会」は全校行事となり、今では「平っ子タイム」で身につけてきた力を披露する集大成の場となっています。

　令和元（2019）年度（導入5年目）の主張大会では、3年生の女子生徒が「伝統」という題で、「平っ子タイム＆授業中の平っ子トーク」を通して感じた自身の成長を後輩たちに語りかけました（その作文は、第5章で紹介）。この発表を機に、毎年数名の生徒が「平っ子タイム」にかかわる「主張」をするようになってきています。

 まとめ

　「平っ子タイム」は日課の中のほんのわずかな時間ででき、生徒は楽しく、教員の準備もほとんど必要のない簡単な取り組みです。生徒はこの時間を楽しみにしており、指導している教員にとっても心

全校行事「私の主張大会」
コロナ禍ではリモート発表

温まる時間となっています。「平っ子タイム」は即効性のある取り組みではありませんが、数年続けていくことでその効果が徐々に現れてくることがわかりました。それゆえ、この実践を全校体制で何年も継続して取り組んでいるところに意義があると改めて感じています。そして、何よりも、生徒のために良いと思うことは、教務・研修・生徒指導等、いろいろな分掌が共に相談しながら動ける教員集団だったこともうまくいった要因の1つと考えます。

　令和2（2020）年度、コロナ禍の中、「平っ子タイム」の活動も制限を受けましたが、3年生から「もっと対面で話し合いがしたい」という声が多く聞かれるようになり、学期末、徹底した感染予防対策のもと、生徒主導による学級レクリエーションを企画・実施しました。そこには、1、2年生時の「平っ子タイム」を通じて生徒同士の"横糸"がびっしりと結ばれた光景が見えました。

　また、3年生は、1学期末から「1分間スピーチ」を行っていました。お題は"型"通り、「先週あった印象的な出来事」として設定し、卒業直前まで行いました。その年度の選抜検査等において、多くの学校から「三重平中の生徒たちの面接がとても素晴らしかった」という評価を得ました。そのことも「平っ子タイム」継続の成果であると、私たち三重平中の教員にとっての確信につながりました。

　一方で、コロナ禍以降、不登校生徒の増加、成績の下降が気になるところです。スローラーナーにとっては、対話的な学び合いによって保障されていた学びの機会の喪失が要因の1つといえるかもしれません。「平っ子タイム＆平っ子トーク」が一日も早く、コロナ以前の実施形態に戻ることを願っています。

　令和4（2022）年度、本校で教育実習を行った学生たちは、「平っ子タイム」スタート時、生徒として在籍していました。彼らは教員

の立場で「平っ子タイム」に参加し、現在も活動が続いていることに感動していました。また「平っ子タイム」が始まった頃の振り返り記録を大切に保管しているという学生もいました。そうした卒業生の姿に触れたとき、過去から今日まで「平っ子タイム」を引き継いできたことを心から誇りに思いました。

　生徒アンケートの結果から見ても、「相手の顔を見て、うなずきながら話を聴くことができるようになった」「話し合うときに笑顔であいづちを打てるようになり、コミュニケーション能力もみんなが高まった」等、この実践を積み重ねていくことで、生徒たち自身が「平っ子タイム」の効果を実感していることがうかがえます。

　「平っ子タイム」で培ってきたソーシャルスキルや自尊感情が基盤となったことで、生徒主体のさまざまな取り組みを展開することも可能となりました。キャリア教育と関連づけて学校全体への変革を次々と進める原動力になったことは確かです。すべてにおいて三重平中学校の柱として、生徒・教員が「三重平＝平っ子タイム」ととらえられるほどになったことはとても大きなことです。今後も柱をさらに太くし、学校運営全体へのプラス効果となることを期待しているところです。

IV 不登校ゼロをめざして

愛知県春日井市立西山小学校

学校の概要

　西山小学校は、児童数210名、教職員数17名、学級数10。春日井市の北側に位置し、地域には桃や葡萄、サボテンを育てる農園や田畑が点在しています。また、陸上自衛隊官舎が学区内にあるため、児童の転出入が多いのも特徴の１つ。教育目標は「心豊かな、活力ある児童の育成」、重点目標は「知・徳・体の調和のとれた人間形成」です。

「にこにこタイム」導入の経緯

　かつて本校では男女間の会話の少なさ、かかわりトラブルによる個別指導の多さ等の課題がありました。そこで、平成28（2016）年から知・徳・体の調和のとれた児童の発達を促すため、特別支援教育の視点に立ち、「知の取り組み」（ユニバーサルデザインを基盤とした「わかる・できる授業」）、「徳の取り組み」（「にこにこタイム」）、「体の取り組み」（継続性・系統性をもった体力づくりを進める）という３本立ての取り組みを始めました。

　８年目を迎えた「にこにこタイム」は、特別支援教育の視点に立つソーシャルスキル・トレーニング（ＳＳＴ）を内包する活動です。そのため、本校の教育目標に迫る取り組みに合致しています。理由

は３点挙げられます。

①従来、普段の生活や授業内で身につけていたソーシャルスキルを、集中的に、わかりやすく、楽しく身につけられる。

②個々の発達段階、さまざまな要因を配慮し、その子自身のペースに合わせて内容構成できる。

③皆で取り組むことにより、多くの他者と出会い、今の自分に気づく瞬間が６年間の中で一度でもあるといいなという気持ちで取り組む活動である。

　教員が気負いすぎることなく、個々の子どもの成長を温かく見守り、必要な指導と支援をすることの大切さを学校全体で共有することができます。

 ## 「にこにこタイム＆にこにこトーク」の実際

(1) 年間計画

　１年生の１学期は、教員と児童の縦糸の関係をつくるために「後出しジャンケン」「落ちた落ちた」の演習を行っています。教員の話を聴くスキルを身につけることをめあてにしています。

　子ども同士の横糸の関係づくり演習である「質問ジャンケン」「どちらをえらぶ」「アドジャン」「いいとこ見つけ」は全学年で行います。ペアやグループにおいて相手の話を聴くスキルを身につけることをめあてにしています。１つの演習を連続して２、３回行った後に次の演習をすることで、子どもが新鮮な気持ちで取り組めるようにしています。高学年では毎学期２回程度「１分間スピーチ」を行い、１週間の出来事をテーマに自分で話したいことを決めて話したり、友達のスピーチをうなずいて聴いたりしています。

(2) 指導の実際

①にこにこ研修　新しい演習が始まる週の火曜日に、教員同士で「に
こにこタイム」を行います。S
ST／SGE推進担当が教員役
を務め、他の教員が児童役とし
て演習を行います。指導の方法
や注意点を確認し合うと同時
に、教員同士が互いを知り合う

機会になっています。「にこにこ研修」をしたあとの職員室は、より
和やかな雰囲気になります。

②にこにこタイム　子どもがさまざまな人とのかかわりを増やし、
新たな一面に気づけるよう、ペアやグループのメンバー変更を毎回
行ったり、指導者を担任以外に変更する「先生シャッフル」を随時
行ったりしています。縦割り班活動でも「にこにこタイム」を行い、
異学年交流をすることもあります。活動に飽きない工夫としては、
低・中・高学年に合わせたお題を準備しています。例えば「アドジ
ャン」ではお題を各クラスに30枚ずつ掲示用カードにして準備する
ことで、毎週同じお題が出たり、同じ組み合わせになったりしない
工夫をします。また、全校"一枚岩"の指導を行うため、指導案を
作成し、「にこにこ研修」で共有しています。どの教員がどのクラス
でも同じように進めることができ、一方で、同じ指導案で行っても、

それぞれの教員の個性が表れた
「にこにこタイム」が各学級で
展開されています。

　演習のあとは、フリートーク
と振り返りをします。フリート
ークでは何を話したらいいかと

迷いがある子もいますが、学年が上がるにつれて、友達の話を聴いたり自分のことを話したりすることができるようになっていきます。振り返りは、ペアやグループの対話を通して行っています。振り返りを共有することで、相手の気持ちや考えを知ることができ、自分の思いや考えに気づくきっかけができます。ワークシートに書いて、個々で振り返りをすることもあります。教員は一人一人の振り返りに目を通し、子どもを勇気づけたり、今後の指導に活かしたりしています。

③**にこにこトーク**　授業中、ペア・グループでの話し合い活動である「にこにこトーク」を入れても、躊躇なく始めることができます。誰と何を話すか確認したあと「お願いします」と言えば、どの学級でも「にこにこトーク」が始まります。週1回の「にこにこタイム」を通して、少しずつ「うなずいて聴く」「にこにこ笑顔で活動する」などのスキルが身についているので、安心して自分の考えを伝えることができます。聴く人もまた、自分と同じ意見であれば"確認"、自分とは異なる意見であれば"新たな考え方との出会い"等により、学びを深めることができます。

本校実践の"売り"

(1) 先生シャッフル

　「先生シャッフル」により、担任以外の教員と「にこにこタイム」を行っています。管理職や通級指導担当、専科担当の教員も「にこにこタイム」を行います。「今日、教室に来るのは誰かなぁ？」と子

どもたちはワクワクしています。担任が、他の教員の「にこにこタイム」の進め方を見たり、他の学級の雰囲気に触れたりできるので、教員にとっても学びのある貴重な機会になります。

(2) 特別支援学級児童も親学級（通常学級）の児童と一緒に

　短時間、楽しい雰囲気の中、"型"によって進められる「にこにこタイム」は、支援学級児童にとっても参加しやすい活動です。子ども同士が遊びを通してふれあい、知り合う機会となり、校内に「インクルーシブ（障害の有無にかかわらず、できるだけ共に活動する）文化」が築かれるための土壌づくりにもなります。支援学級担任からは「にこにこタイムがきっかけとなって、放課後に一緒に遊んだり、交流授業でも発表したりして、さまざまな人とかかわろうとするようになってきました」といううれしい声も聞かれます。

 ## 取り組みの成果と課題

　「にこにこタイム」の成果としては、特に以下の３点が挙げられます。
①自己肯定感の高まり、人とのかかわり　令和３（2021）年度全国学力学習状況調査での質問紙では「自己肯定感の高まり」や「人とのかかわり」の項目で全国平均を大きく上回りました。令和４（2022）年度同調査では「学級の友達との間で話し合う活動を通じて、自分の考えを深めたり、広げたりすることができていますか」という質問に対し、90.4％が「当てはまる」「どちらかといえば当てはまる」

と回答しました（全国平均80.1％）。振り返りでも、自分や友達のいいところに気づけたと書く子どもが多数います。

②男女の仲の良さ　本校の取り組みを見学に来た教員も新たに赴任した教員も「男女の仲の良さに驚いた」と口を揃えます。子どもの振り返りでも「にこにこタイムは、みんなでにこにこするためにつくられたと気づきました。ぼくは女子とあまりしゃべることがないけれど、にこにこタイムのおかげで女子の友達も増えたし、男子の友達とも、もっともっと仲良くなった」とありました。

③転入生の新たな人間関係づくり　転入生児童の振り返りには「西山小学校に来た初日に、にこにこタイムがありました。『本当に、にこにこになるのかな？』という気持ちで取り組んだけれど、みんなが教えてくれてうれしかったです」と書かれていました。転入生の振り返りには、「にこにこタイム」で仲良くなれた、友達ができたと書かれていることも多く、転出入が多い本校に適しています。

　コロナ禍当初、不安を抱えた子どもにどのような支援ができるかという課題がありましたが、そのような子も学校へ来れば、友達や教員と楽しく会話し、授業に取り組み、「にこにこタイム」にも参加できます。今後も全児童が安心して学校に通い、さまざまな人とのかかわりの中で学び、一人一人に合った成長を促すことができるよう、取り組みを継続していきたいと思っています。

　また、課題としては、「にこにこトーク」を授業で活用するため、「にこにこトーク」をする場面はどこが最適なのか、単元の流れや本時の授業の流れをふまえて考え、主体的・対話的で深い学びの実現に向けた授業改善をしていくことが挙げられます。

V 中学校区（小・学校４校、中学校１校）で取り組む実践

鳥取県鳥取市立桜ヶ丘中学校

学校の概要

桜ヶ丘中学校は、生徒数497名、教職員数52名、学級数18の中規模校。校舎の周りには田園風景が広がり、住宅地にも接していて、200m歩けば店舗の並ぶ大通りがあります。その先のバイパスの両側には工業団地が続き、さらには新興住宅地など、多様な特徴をもつ４つの小学校から、生徒たちは本校に入学してきます。

「桜咲タイム」導入の経緯

本校が「桜咲タイム」を導入したのは平成28（2016）年、何度目かの"荒れ"を経験したときでした。生徒同士の信頼関係の希薄さ、コミュニケーションスキルの未熟さによる荒れは、怠学や不登校の生徒を生む理由の一端となっていました。

その打開策として始まったのが「桜咲タイム」です。本プログラムの導入により、生徒は劇的に変容しました。中学校での取り組みを受け、翌年から校区小学校でも導入が始まり、現在では校区内のすべての小学校とともに、名称も「桜咲タイム」で統一し、取り組んでいます。

校区「桜咲タイム」の実際

【校区共通のねらい】

①より良い人間関係をつくる方法を学ぶ

②話すとき、聴くときの態度を身につける

③身につけた力を授業のグループ活動に活かす

(1) 桜ヶ丘中学校

時間　水曜日の15：35〜15：45。授業後から帰りの会までの時間（他の曜日のその時間帯は掃除）。

資料　「アドジャン」は、教室に置いた30枚のお題のうち10枚を掲示する（昨年度までは一人一人にワークシート配付）。「二者択一」は、黒板に掲示。「いいとこ四面鏡」は、ワークシートを配付する（個人ファイルに保存）。

内容　「アドジャン」「二者択一」「いいとこ四面鏡」「1分間スピーチ」のローテーション。「アドジャン」が多め。研修として、担任外も含めて授業者交流を定期的に行っている。

担当　研究グループ内に「桜咲タイム」担当があり、グループで協議しながら取り組む。

その他　年度当初、職員会に第1回目の研修を位置づけ、入学式の数日後には全校生徒にオリエンテーションを行い、「桜咲タイム」の意義や取り組み方を確認する。毎年春、校区内の全教職員研修にて「桜咲タイム」を全学級公開。

(2) 面影小学校

時間　水曜日の8：15〜8：25。登校後から朝の会までの時間。

資料　1枚の用紙に10のお題を書いたもの（例：アドジャン）を黒
　　　板に掲示。

内容　「アドジャン」「二者択一」「いいとこ四面鏡」等を月ごとにロ
　　　ーテーション。

担当　研究グループ内の「集団づくりプロジェクト」が主導。

(3) 津ノ井小学校

時間　火曜日の13：40〜13：50。5校時前（他の曜日のその時間は
　　　ドリル学習）。

資料　1枚の用紙に10のお題を書いたもの（例：アドジャン）を黒
　　　板に掲示。

内容　「アドジャン」を中心に取り組む。

担当　研究主任が主導し、各学年に提案。

(4) 米里小学校

時間　水曜日の13：00〜13：10。給食後に実施（他の曜日のその時
　　　間は掃除）。

資料　1枚の用紙に10のお題を書いたもの（例：アドジャン）を各
　　　班に配付。

内容　「アドジャン」「二者択一」をローテーション。

担当　研究部会内の「学級づくり部会」が主導。

(5) 若葉台小学校

時間　木曜日の8：15〜8：25。他の曜日のその時間は、朝の読書
　　　や学習等、曜日ごとに活動が異なる。

資料　プリント配付や黒板掲示、タブレット配信など、学級裁量。

内容　「アドジャン」「二者択一」をローテーション。

担当　研究グループ内の「学級づくりプロジェクト」が主導。

 ## 本校（桜ヶ丘中学校）実践の“売り”

(1)「桜咲タイム　ハンドブック」

　校区の全教職員が携帯する「桜咲タイム　ハンドブック」を作成。
「桜咲タイム」の概要、各活動の指導案、外せないポイント、留意点
等をまとめ、“いつでも確認できる
相棒”としています。保管しやすく
利便性や汎用性も高いので、独自理
論に走らず、足並みを揃えるという
点でも役立っています。

(2) 桜咲タイム担当

　５校すべてに研究グループの一役として「桜咲タイム担当」を置
き、各校ごとに、その日の活動の目標や課題を示すなど、取り組み
をリードしています。

　グループ全体では、学年・学級の様子を情報交換し、取り組みの
振り返りや今後の進め方の検討、「桜咲タイム」に必要な準備物の作

成等を協力して行っています。各校の担当が核となり、校区研究主任会や校長会でも情報共有がなされています。

(3) 教員研修

　年に1回、曽山先生による研修を計画。転任してきた教員には主旨理解のために必須。他の教員にとっても原点に立ち返るために有効です。重ねて研修を受けることで深まることや、新しい気づきもあります。また、年度はじめ、長期休業、職員会後など、年に数回、教員のスキルアップをめざしてミニ研修を実施。模擬授業、情報の共有、成果と課題の確認などを行います。10〜15分程度の短時間で

行う研修は無理がなく、効果的です。

　こうした研修を通して教員の意識は一つになり、転任してきた教員にとっても安心して活動に取り組めるもとになっています。

取り組みの成果と課題

(1) 校区全体で取り組んでいることの成果

　4つの小学校から集まった中学校1年生が、初めての「桜咲タイム」からすんなりと活動に入り、お互いの話に耳を傾ける、その姿は3年生まで続きます。

　生徒たちは「桜咲タイム」が自分にもたらす良い影響も認識しています。それは授業にも波及し、「桜咲トーク」を活かしたグループ学習がスムーズに行われ、対話による深い学びを実現するための大切な土台となっています。

(2) 生徒アンケートから

　生徒は「桜咲タイム」が大好きで、アンケートでも99％の生徒が「桜咲タイム」を「楽しみ」「とても楽しみ」と答えています。「桜咲タイム」の効果として、生徒は、1番に"友達への理解"、2番に"初めての相手との話しやすさ"、3番に"教科学習での話しやすさ"を挙げており、週1回10分間「桜咲タイム」は、単なる楽しい活動という枠を越えて、生活をよりよいものにする手立てにつながっています。

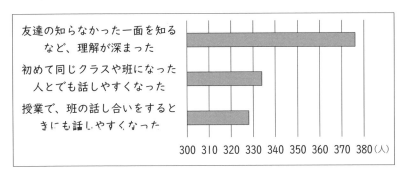

(3) 長く続けていく上での課題

　取り組みが長くなってきたため、マンネリ化を避けようと、お題をひねりすぎたり、いろいろな工夫をしすぎたりすることもありました。校区全体で取り組む良さは確かですが、全学校で細部まで統一感をもつことの難しさも感じています。

　曽山先生は、「型を揃えても個性は出る」「子どもたちが活動に前向きになれないのは、どこか噛み合っていない部分があり、教員の準備不足があると考え、見直してみることが必要」と言われます。定着してきた分、まだ慣れていない新着任の教員へのフォローは重要で、スキルアップのための繰り返しの研修と、スリム＆シンプルの徹底が、広く、長く取り組み続けるための鍵だと考えています。

Ⅵ　"一枚岩"再構築実践

愛知県西尾市立一色中学校

学校の概要

　一色中学校は西尾市の最南端に位置し、校舎の窓から三河湾が見渡せます。地域は水産業が盛んで、なかでも「一色産うなぎ」を取り扱う養鰻業が有名。生徒数694名、教職員数57名、学級数24。生徒は、潮騒の聞こえる学校で学習・部活動に元気よく取り組んでいます。

「しおさいタイム」導入の経緯

　かつて教員が生徒指導に追われた時代もありましたが、10年前から落ち着き始めました。しかし、「生徒の笑顔とエネルギーが減った」という新たな課題を抱えるようになりました。教員と生徒、生徒同士の関係性も、表面的でギクシャクした感じを受けることも多くありました。

　平成27（2015）年には、研究授業を何度試みても「グループ活動がうまくいかない」「学び合いにならない」という悩みがありました。話し合いをしても、特定の生徒が話すだけで残りの生徒は下を向いていたり、興味のない顔で聴いていたりする姿が多く、私たちがめざしていた「友達の意見を聴き、自分の考えと照らし合わせて

学び合う姿」からはほど遠いものでした。そのような雰囲気は学校生活のさまざまな場面に現れ、学級会や道徳等の話し合いでも、自分事として考えて参加している様子が感じられませんでした。「友達がいない」「友達と仲良くやっていけない」と言って、登校を渋る生徒も増えてきました。特にそれは1年生の1学期でした。校区内4小学校から進学してくる本校で、"中1ギャップ"に苦しむ生徒が出てきたのです。

　こういった状況を心配した当時の校長が「本校に今必要なのは、教科の研究や生徒指導の前に、生徒に人間関係づくりの力をつけること。生徒が互いにかかわろうとする気持ちとスキルを身につけなければ、何事もうまくいかない。一度、曽山先生の研修会に参加してみないか」と提案されました。そこで、管理職と研究主任が、名城大学で定期的に行われていた研修会に参加しました。曽山先生の話の中には本校の悩みを解決できそうなヒントがたくさんありました。何よりよかったのは「○○タイム」の内容がシンプルで、「本校でもすぐにできそうだ」と思えたことです。そこで先進校である依佐美中学校や米津小学校の活動を参考に年間計画を作成し、平成28（2016）年5月より「しおさいタイム」をスタートさせました。

 ## 「しおさいタイム＆しおさいトーク」の実際

　「しおさいタイム」は毎週木曜日の朝、15分間の朝活動の時間に行っています。「アドジャン」「二者択一」「質問ジャンケン」「いいとこ四面鏡」を中心に行い、3年生は2学期から毎週「1分間スピーチ」を行っています。1か月は同じ演習をグループのメンバーを替えながら行います。座席を1列ずつ移動するだけでメンバーが替わるため、手間もかからず、生徒も毎週違う友達とかかわれるので飽

きることはありません。また、同じ演習であっても、最初は型を揃えるため丁寧に説明等を行いますが、慣れてくれば説明をシンプルにし、間延びせずリズムよく行えるようになります。

　１か月に１回、タブレットを使って振り返りを行います。うなずきや相手の目を見て話すなどのスキル面の振り返りはすぐに全校分集計できるので、朝の会等で生徒に伝えることができます。自由記述には、「反応があって話しやすい」「初めて話す子と気が合って、うれしかった」などの感想が書き込まれています。

　「しおさいタイム」で身につけたかかわりの力が定着するよう、授業にも「しおさいトーク」と呼ぶペアワーク等を取り入れています。例えば、教員の「主人公の気持ちの変化についてどう思いますか？しおさいトークでどうぞ」という声かけに、教室のいたるところから「お願いします」という声が響き、話し合いが始まります。

　本校では生徒総会などで、全校討論を行います。以前は１人の生徒が全校の前で発言するだけでしたが、今では「○○についてどう

思いますか。しおさいトークで近くの人と話し合ってください」という生徒会役員の呼びかけで全校が一斉に話し合いを始めています。全員参加で話し合う姿が壮観です。

一度崩れた"一枚岩"

　平成28（2016）年に始まった「しおさいタイム」に生徒は喜んで参加しました。演習が「中学生に馴染むのか」という不安もありましたが、「人とかかわる」ことは中学生にとっても楽しいものです。

「しおさいタイム」導入前に比べ、格段・確実に生徒に変化が起きました。自然にうなずけるようになったり、話し合いのときに互いの話をよく聴くようになったり、そこに安心感が生まれました。担任も学級が明るくなっていくのを実感しました。

　しかし、翌平成29（2017）年夏頃から「しおさいタイム」の雰囲気が変化しました。生徒の笑顔が減り、「えー、またしおさいタイム？」という言葉が出始めました。焦りを感じた一部の教員は年間計画にない他の演習を導入したり、お題を毎週変更したりするようになりました。「しおさいタイムに何の意味があるのか」「価値がわからない」という言葉を発する教員も出始め、「しおさいタイム」の時間に別の活動を行う学級もありました。教員間の足並みが揃わず、一色中の「しおさいタイム」が崩れ、"一枚岩"にひびが入りました。

 ## "一枚岩"が崩れた原因は何だったのか

　原因としては、次のようなことが考えられました。

(1) 転勤で毎年替わる教員への目的等の周知不足

　新たに着任した教員には、「しおさいタイム」の目的がわからず、この時間をレクリエーションの時間と勘違いしてしまう教員もいました。「盛り上がらない」という感想をもち、盛り上がるためのお題を考えたり、別の演習に走ってしまった教員へ共通理解のための説明が不足していました。

(2) 指導案だけでは伝わらない「しおさいタイム」の研修不足

　例えば、長々と「しおさいタイム」の意義を生徒に向かって話してしまう教員や、「アドジャン」のお題をすべてやりきるまで待って

いる教員がいました。これでは生徒が飽きてしまうのも無理はありません。年度はじめの早い段階での実践的な研修が必要でした。

(3) 準備不足による教員の負担感

導入時は研究推進部の教員が、お題の一覧や振り返りシートを毎回印刷していました。加えて「飽きた」という生徒の声を聞き、毎週お題を替えることもしていました。結果、それらに負担を感じ、時には「しおさいタイム」を休んでしまう週もありました。

(4) 生徒が安心して取り組めない不揃いな"型"

指導案はあったものの、細かいところで型が揃っていませんでした。そのため、別の教員が入ると、そのつどやり方が違うので生徒が戸惑うことになりました。

 ## "一枚岩"再構築に向けて

平成30（2018）年度が最も教員の気持ちが揃わなかった１年であり、危機感を覚えた管理職は、曽山先生からの指導を受け、自ら率先して再構築への取り組みを次のように始めました。

４月１日に教員間で「しおさいタイム」を行い、新転入の教員がその良さを実感できるようにしました。また、４月中に曽山先生の研修会を設定し、背景理論を全教員で学ぶようにしました。

管理職および研究推進部が意欲的に「しおさいタイム」を行うことも大切にしました。また、若い教員に向けて模擬演習を行い、指導案に込められた留意点をしっかりと伝えるようにしました。型を揃えることを意識し、その必要性を何度も共通確認しました。

また、負担感を減らすため、グッズ整備も行いました。「アドジャ

ン」等の演習に必要なお題カードをすべて作成し、学級ごとの箱にまとめました。その箱を開ければすぐに「しおさいタイム」が行えるので、教員の負担感がまったくなくなりました。そして、年間計画に位置づけられた「しおさいタイム」の時間は絶対になくさず、継続することを確認しました。コロナ禍でも、机の配置を工夫し、むしろコロナ禍だからこそ、かかわりの時間を大切にしました。

戻ってきた"一枚岩"こそ、本校の"売り"

　前述のような取り組みを続けた結果、教員も生徒も笑顔で「しおさいタイム」を行えるようになり、8年目を迎えました。他校に学び、常に改善改良を続けてきました。特に七宝中学校の「しっぴータイム」は本校のめざす姿です。七宝中学校に学び、研究推進部から独立して「しおさい部」を立ち上げました。毎週水曜日の1時間目にしおさい部会を開き、より型を揃え、共通理解を深めるよう動いています。部員の中には若い教員もおり、「しおさいタイム」は自分たちが担っているのだという気持ちをもって活躍しています。何より、導入時から常に曽山先生に励ましと具体的な指導をいただいていることが継続の大きな力となっています。

　令和4（2022）年1学期末に実施した生徒アンケートでは、「しおさいタイムに楽しく取り組むことができていますか？」の項目に96％の生徒が「はい」と回答しています。他校からの視察も増え、教員も自信をもって「しおさいタイム」を行い、授業でも自然に「しおさいトーク」を使っています。本校の「かかわり文化完成の日」をめざし、これからも歩み続けます。

VII 温かい学級・学校をめざす実践

愛知県西尾市立吉田小学校

学校の概要

　吉田小学校は愛知県の南側に位置し、北東に山、南は海、西に平野が広がり、豊かな自然に恵まれています。児童数256名、教職員数30名、学級数12。校区に海のある学校ということで、ここ最近は防災面が心配なせいか、児童数が減少し、核家族の家庭が増加しています。

「よしよしタイム＆よしトーク」導入の経緯

　人間関係のトラブルやいじめも増え始めていた本校。自分のことは主張するが人の話には耳を傾けない子どもが増えてきていることが原因ではないかと、教員からも人間関係の希薄さを心配する声が上がっていました。人の話を聴くことのできる子どもたちを育てたい…。その願いが「よしよしタイム＆よしトーク」導入のきっかけでした。当時の校長が、朝会で子どもたちに話した「うめらいす」の合言葉。この言葉を活かし、平成29（2017）年度、実践が始まりました。

　「よしよしタイム＆よしトーク」の名称には、「good」と承認できる

> **話を聴くときは、「うめらいす」で**
> う：うなずきながら
> め：目を見て
> ら：ラストまで
> い：いっしょうけんめいに
> す：スマイルで

教員の「よし」と、"よい子ども"をめざす吉田小学校の「よし」という意味を込めました。導入にあたり、米津小学校の教務主任を講師に招き、進め方のノウハウを教えていただきました。

　導入当初は、職員会後に「よしよしタイム」を行うなど、教員が演習を体験する研修を重ねました。新しいプログラムの研修では、戸惑いよりも楽しさのほうが大きく、教員が思わずトークに夢中になるほどでした。「アドジャン」をはじめ、どれもスリムでシンプルな演習なので、教員皆が一体となり、よさを体感していきました。

【よしよしタイム　指導者の心得】
・**本時のねらいと活動内容を伝えて見通しをもたせよう**　「今日のよしよしタイムは○○をやります」
・**テンポよく進めよう（タイマーを活用しよう）**　質問を受け付けすぎたり、活動の遅いグループを他のグループが待っていたりするのはだれるもと
・**活動の始めと終わりは挨拶をしよう**　ペアが替わるごとに「お願いします」「ありがとうございました」の挨拶を
・**称賛をちりばめよう**　「ありがとう」「先生はうれしいよ」「いいねえ」
・**人の話はうなずいて聴く力を鍛えよう**　盛り上がってきたときにこそ、うなずきの確認を
・**どんどん介入しよう**　活動がうまく進まないグループに入り込んで、盛り上げのお手伝いを

「よしよしタイム＆よしトーク」の実際

(1)「よしよしタイム」で、朝から笑顔の花が咲く

　「よしよしタイム」は、水曜日の朝の15分間を活用して行っています。演習は「どちらをえらぶ」「質問ジャンケン」「アドジャン」「いいとこみつけ」の順に年間計画に位置づけ、月ごとに内容を替えて

います。
　「よしよしタイム」は、3～4人の
グループで机を合わせ、「お願いし
ます」の挨拶から始まります。ルー
ルと型が明確なので、子どもた
ちには馴染みやすく、普段は挙手発言の苦手な子もすんなりと行う
ことのできる活動です。お題がいくつか考えられているので、繰り
返し行っても子どもたちは楽しみながら活動できます。コロナ禍
で、グループの対面が難しいときは、隣の子とドライビング・トー
クで演習を進めました。相手を替えるだけでも新鮮で、繰り返し行
っています。
　「よしよしタイム」の時間は、毎回子どもたちがにこやかです。朝
から教室に笑顔の花が咲いています。
　「友達のことがよくわかるので楽しいです」の言葉に代表される
ように、毎年行っている学校アンケートでは、子どもたちは「よし
よしタイムに楽しく取り組めましたか」の設問に対し、6年目の令
和4（2022）年6月も、99％が「よくできている」「まあまあできて
いる」と回答しています。
　以下は、教員の感想です。

・朝からクラスの雰囲気が明るくなり、一日のスタートを気持
　ちよく切ることができます。子どもたちの話を、私自身も一
　緒に楽しむ時間となっています。
・高学年を久しぶりに担任しましたが、男女が分け隔てなく、誰
　とでも仲良くできていると感じます。「よしよしタイム」では安
　心して話ができるので、実践の積み重ねの成果だと思います。

(2) 「よしトーク」を授業で活用

　本校では、授業でも「よしトーク」を手立てとして位置づけ、必要に応じて行っています。「よしよしタイムのように話し合うよ」「よしトークを始めるよ」と言うと、グループの中で自然と誰かが司会をし、グループ全員に意見を言う場を設け、全員に意見を聞いたり質問をしたりしながら、話し合いが深まります。4年生国語「ごんぎつね」の授業では次のような「よしトーク」が展開しました。

A　どうしてごんは兵十のかげぼうしをふみふみ歩いたのだろう。

B　二人の話を聴こうと思って近くを歩いたんじゃないかな。Cさんはどう思う？

C　Bさんの意見と似ていて、二人のことが気になるのかなって思いました。Dさんはどう思う？

D　ぼくは、おっかぁが死んじゃって、かわいそうな兵十のそばにいてあげたいと思ったんじゃないかと思ったよ。

A　なるほどね。わたしは、Dさんと同じように考えたよ。BさんとCさんに質問です。どうしてそう思ったの？

B　ぼくは、その前の文章に「二人の話を聴こうと思って、ついていきました。」と書いてあるから、そう思ったよ。

A　本当だ。Cさんは？

C　Bさんの言ったこともそうだし、井戸のそばでしゃがんで待っていたくらいだから、二人のことが気になっているのかなって考えたよ。

A　そうか。そこには気がつかなかったよ。

　「なるほど」「本当だ」「あ、そうか」など、子ども同士で優しく声かけをすることが増えました。これは、「よしよしタイム」の場にお

いて、否定的な言葉を出さず、肯定的な言葉で相手を受け止めることを大切にしている成果だと感じます。授業での「よしトーク」のさらなる効果的な活用が今の課題です。

(3)「親子よしよしタイム」体験：本校実践一番の "売り"

本校では「よしよしタイム＆よしトーク」の実践を始めた翌年、平成30（2018）年６月に行われた授業参観で「よしよしタイム＆よしトーク」を保護者に見ていただき、その後、「親子よしよしタイム」を体験していただきました。「よしよしタイム＆よしトーク」を根付かせるために、保護者の理解、協力を得たいと考えたのです。

保護者は、あらかじめ指定された座席に座り、教務主任の進行のもと、「ネームゲーム（自己紹介ゲーム）」と「アドジャン」の２つを体験しました。当日は、５・６年生が保護者の隣で一緒に行いました。保護者は、子どもたちのやり方を手本にしながら進めました。保護者同士で４人グループを組み、教務主任の声で「アドジャン」と言いながら０～５本の指を出し、指の合計数によりお題を決めます。演習の流れが決まっているので、保護者も取り組みやすかった

ようです。笑顔あふれる、とても穏やかな時間が過ぎていきました。普段から仲良くしている方の意外な一面が発見できたり、新しく知り合いになることができたりと、保護者自身が楽しむことのできる時間となりました。このように、保護者を交えた体験の場を設定すると、家庭にも「よしよしタイム」のよさが根付くと考えています。

以下に、当日参加した保護者の感想を紹介します。

・始めるまでは、初対面の方と向き合ったり、話したりするのに抵抗がありましたが、いざ始まってしまうとどきどきしながらも、なんだか新鮮な気持ちになれました。話のルールが決めてあったので、大人でも入り込みやすく、子どもとも「お母さん何色が好きって言ったの？」「生まれ変わったら何になりたいって言ったの？」と会話が弾みました。（６年保護者）

・実際にやってみると、口をはさまずに聴く、理由など余計なことを言わずに答えるなど、思っていた以上に難しかったです。子どもの話を聴くときも、最後まで口をはさまずに聴くことができていなかったので、「相手の目を見てしっかり聴く」を家庭の中で習慣にしていきたいと思いました。（４年保護者）

・とても楽しい時間でした。初めて会った方と距離を縮めるツールとしても、相手のことを知るよい方法だと思いました。とてもよい体験をありがとうございました。（２年保護者）

実践継続のコツは、教員集団が“一枚岩”になること

　毎年度はじめ、教員同士で「よしよしタイム」を体験する研修を行います。新たに着任した教員も「よしよしタイム」を行うことで、他の教員を知るきっかけができます。子どもたち同様、教員の「よしよしタイム」も笑顔満開です。自らが体験しながらその良さを実感すること、これが実践継続にとって大切なことです。教員の笑顔は、子どもたちの笑顔の土台となります。

　本校では「よしよしタイム」を活かした関係づくりを学級経営の柱としながら、今後も笑顔あふれる温かい学級・学校をめざしていきます。

VIII 小・中連続9年間、大規模校での実践

熊本県熊本市立託麻東小学校・二岡中学校

学校の概要

託麻東小学校は、児童数1288人、教職員数70人、学級数46。熊本県内で最も児童数の多い大規模校。隣接する二岡中校区内の小学校は本校のみで、本校卒業生がほとんどそのまま二岡中学校に進学しています。

令和3（2021）年度から、託麻東小学校と二岡中学校が小・中一貫教育校となりました。グループアプローチ「託東タイム」「二岡タイム」を中心に、学習指導や生徒指導、特別活動など、小・中学校間で情報の共有と連携をし、義務教育9年間の出口を見据えながら同じ目標「自分をつくる」に向かって実践中です。

「託東タイム＆二岡タイム」導入の経緯

以前、託麻東小学校と二岡中学校では、生徒指導上の問題が多発していました。教員の指導が届かず、子どもの荒れが蔓延し、教員が疲弊することもありました。そのとき、私たちの背中を力強く押してくださったのが曽山先生です。

託麻東小学校では、曽山先生の指導を仰ぎつつ、平成29（2017）年度から「託東タイム」を通して「学校生活の中で、コミュニケー

ション力、ソーシャルスキルを身につける場を意図的に設定する」「かかわり合いを意識した授業改善を行う」「教員のかかわり方を見直す」ことに“一枚岩”となって取り組み始めたのです。結果として、Q−U（河村、1999）の学級満足群は全国平均約4割を大きく上回り、約7割になっています。

　中学校に入学する子どもたちの変化に二岡中学校の教員たちは驚きました。子どもの変化を目の当たりにした中学校では、「中学校も同じ取り組みをしよう」という声が挙がり、二岡中学校も令和2（2020）年度から「二岡タイム」をスタートしました。これにより、子どもたちは小・中9年間でグループアプローチの経験を重ねることになったのです。

「託東タイム＆二岡タイム」 「たくトーク＆二岡トーク」の実際

(1)「託東タイム＆二岡タイム」

目的
・子どもに、人とかかわる基礎・基本であるソーシャルスキルを身につけさせる。
・自己理解・他者理解を通じて、共感的な人間関係を育み、自尊感情を高める。

実施日　毎週水曜日8：30〜8：40の10分間。

内容　計画されたプログラムを月ごとにチェンジしながら繰り返し行う。
・託麻東小学校：「どちらを選ぶ」「質問ジャンケン」「アドジャン」「1分間スピーチ」
・二岡中学校：「二者択一」「アドジャン」「いいとこ四面鏡」「1分間スピーチ」

(2)「たくトーク＆二岡トーク」

　「たくトーク＆二岡トーク」とは、「託東タイム＆二岡タイム」で身につけたソーシャルスキルを活かしたペア・グループトークのことです。教員は“課題解決の視点”と“かかわり合いの視点”の両

方をもち、自然に価値づけ（ほめる・認める等）することを心がけています。子どもたちは教員の「では１分間、たくトークしましょう！」や「二岡タイムのときのように２分間、グループで話し合いましょう！」等の言葉かけで、スムーズな話し合いができるようになっています（第３章で「たくトーク」の展開例として、算数科学習指導案を紹介）。

大規模校が“一枚岩”になるために取り組んでいること：実践の“売り”

　大規模校の託麻東小学校は教員の異動も多く、毎年大きく入れ替わります。そこで、これまでの学びを継続させていくために取り組んでいることがあります。

(1) 新たに着任した教員同士の「託東タイム」

　着任した教員の初出勤の日、託麻東小学校では教員が「託東タイム」を実際に体験する研修を行います。そこでは「託麻東小が大切

にしている教育についての理解が進む」「教員同士が仲良くなる」ことをねらっています。

(2) 4月最初の校内研修は「託東タイムとたくトーク」

　4月は新学期が始まるまで職員会議や新学期の準備で大忙しです。しかし、その中においても託麻東小学校は校内研修を設定し、全教員で「託東タイムとたくトーク」について学び合います。理論や方法について研究主任が説明したり、実際に学年ごとに教室で「託東タイム」の実践をしたりしな
がら、新学期からすぐに取り組めるようにしています。また、「託東タイム」についての校内研だよりを発行し、共通理解を図っています。

(3)「託東タイム」のシナリオ・動画の作成

　誰でもすぐに同じように「託東タイム」ができるように、託麻東小学校では「託東タイム」全プログラムのシナリオと動画を作成しました。これらをもとに、全教員が安心して実践に臨むことができます。また、各プログラムのシナリオやお題はロイロノートで共有することで、すぐに「託東タイム」を始められるようにしています。

取り組みの成果：教員と子どものアンケートから

　「託東タイム＆二岡タイム」に取り組むことで、子どもたちのうなずき、友達とのかかわり方は間違いなく良い方向に変容しています。この変容は子どもたちの学校に対する安心感につながり、小学

校も中学校もすっかり落ち着き、たくさんの子どもたちが笑顔で生活することができています。

　以下、令和4（2022）年度、「託東タイム＆二岡タイム」について教員と子どもたちにとったアンケートの一部を紹介します。

「託東タイムについて」小学生の感想

・うなずきや反応を育むところがいいと思います。
・あまりしゃべったことがない人ともかかわることができるところがいい。また、よくしゃべったりする人でも質問をすると意外な答えが返ったりしてすごく楽しい。
・授業や家でも活かせるのがいいところだと思います。
・おかげで、授業などで話し合いのときにスムーズに話せるようになりました。
・丁寧な話し方が身につくし、初対面の人でも自分から話しかけることができるようになったし、それに楽しいから好きです。

「二岡タイムについて」中学生の感想

・男女関係なく話せるから仲良くなるきっかけになりました。
・あまり仲良くなかった人でも仲良くなったりするのでこれからも続けていきたい。
・続けることはクラスの雰囲気をよくすることや、怖がらずに誰とでも話すことにつながると思います。
・朝からこの活動をすることによって目も覚めると思うし、笑顔が増えると感じました。
・あまり話さない人のことがわかるから話しかけやすい。
・コミュニケーション力を高めることができるのがよいと思います。
・お互いの知らない部分について知ることができるから仲をより深めることができて、とてもいい時間だと思います。

「学校の変容について」教員の感想

・教員が話したり、児童が発表したりするときにうなずきながら聴

く児童が増えた。

・友達が発表するときにしっかり聴こうとする温かい雰囲気がある。

・ペアや小グループで、児童がいつ考えを話し合ってもいいように、常に自分なりに思考して考えをまとめながら授業に臨んでいる姿が見られるようになった。

・グループでの話し合いがよく進むようになり、笑顔で会話している姿が多く見られるようになった。

・子どもたちが安心して過ごせるようになってきた。周りを信じられるようになってきたからだと思う。それが学校が落ち着いてきた理由だと思う。

・友達への理解、受け入れる心をもつ子どもが多い。温かい雰囲気で活動する場面が多くなっている。

・問題が起きても自分たちで話し合って解決しようとする姿が見られるようになった。

・学校全体で行うので、学校全体に一体感があるように感じる。

IX チームで取り組む・6年目の実践

高知県高知市立江陽小学校

学校の概要

　江陽小学校は、高知駅にほど近い市街地に位置します。児童数437名、教職員数30名、学級数20。子ども・保護者や地域・教職員の三者が一体となり、日々の教育に真摯に取り組むことで「誠実・明朗・協力」という「３つの実」を大きく実らせていこうという志を大切にしています。長く国語科の研究を継続しており、ここ10年近くは教育相談や学級づくりにも注力。現在は「学びの山を登ろう」という学校の教育目標のもと、「子どもの成長を促す積極的生徒指導」と「主体的・対話的で深い学びをめざした授業改善」を両輪とし、資質・能力（主として「言語能力」「問題発見・解決能力」「人とかかわる力」）の育成を実践しています。

「花はなタイム」導入の経緯

　平成30（2018）年度、前任の横田隆校長が中心となり、「花はなタイム」を導入しました。「支援を要する子どもはもちろんのこと、すべての子どもを対象に、かかわりの力を育てたい」という強い思いがあってのことです。そこで、曽山先生に指導いただく機会をつくるとともに、先進校視察を行いました。「まずは１年間やってみよ

う」と始めた実践でしたが、学校全体で1つのことに取り組む良さ、子どもたちのうれしそうな反応などの手応えがあり、年度末には「話に花が咲くように」「かかわりの花が咲くように」という願いを込め、全校体制の「花はなタイム」が正式にスタートしました。

「花はなタイム＆花はなトーク」の実際

令和元（2019）年度は、「花はなタイム」を一年草で終わらせるか、多年草として、「3つの実」につなげるか、岐路となる年でした。前年度からの引き継ぎを受け、新たなメンバーで年度当初に再度の確認を行いながら、一つ一つの仕組みを提案していきました。中心となる考え方は、「子どもにとって必要なのか、効果があるのか」ということです。以来、少しずつ改善を重ね、以下のような「花はなタイム＆花はなトーク」の基本型ができました。

(1) 校時に位置づけて学級活動につなぐ

毎週水曜、朝の10分間を「花はなタイム」としています。演習は「どっちを選ぶ」「質問ジャンケン」「アドジャン」「いいとこみつけ」を1か月ごとにローテーションするよう年間計画に位置づけて実施しています。

お題を替える・メンバーを替える・担任を替えるなど、3つの"替える"で段階的に変化をつけていくよう計画していますが、子どもたちの状況によって、替えるタイミングは柔軟にしています。例えば本年度の6年生は、学年を超えての担任チェンジを早めに行いました。他学年の教員からの称賛

や価値づけが、子どもたちの意欲を高めると考えたからです。これにより、6年担任から、子どもたちをほめる場面も増えたという声が聞かれました。「花はなタイム」終了後、学級活動につなぐのは、和やかな雰囲気を維持し、子ども主体の学級活動を行うための工夫です。「花はなトーク」を活性化するための手立てともいえます。

(2) 学校共通の「花はなタイム」という型から展開する

「花はなタイム」に取り組んで1、2年目の担任からは、「子どもがしっかりと型を理解しているので取り組みやすい」という声が聞かれます。右の図のような"共通の型"があるからこそです。

まず年度当初、目的と方法を確認し、教員が実際に「花はなタイム」を体験する時間を設定し、共通理解を図ります。慣れてくると目的や意味が薄れてくるこ

「花はなタイム」で、人とかかわるうれしさを
1 **目的**：ソーシャルスキル、マナーの習得、 　　　　　自己理解・他者理解を深めて、自尊感情を高める 　　　　　**「花はなタイム」の充実** 　　　　　**→授業での「花はなトーク」へつなぐ**
2 **方法**：水曜1校時10分間の 　　　　　スリンプル（スリム＆シンプル）プログラム 　　　　　**→子ども主体の学級活動につなぐ**
① ルールの提示・めあての確認（1分）
② モデル提示（初回のみ3分）
③ お題の答えを考える（1分）
④ 「どっちを選ぶ」等の活動（1分30秒）　←
⑤ フリートーク（2分）
⑥ 振り返り（1分30秒）　← **指導者からの価値づけ**

とがあります。そこで、人間関係づくり部が、各学級における子どもたちの成長を紹介したり、取り組みの評価を求めたりします。毎年、曽山先生に指導いただくことも貴重な振り返りの機会です。

(3) 教科等での「花はなトーク」につなぐ

「花はなタイム」において、子どもたちは安心して自分の考えを伝え、友達の言葉を大切に受け止めるなど、かかわりを楽しむ様子が

見られます。この話し方や聴き方を教科等での対話に活かすためのスイッチが「花はなトーク、スタート」「花はなタイムのように話し合ってみよう」といった声かけです。

　学級活動の他にも、国語科「話すこと・聞くこと」領域において、友達とスピーチを練り上げたり、相互評価をしあったりする際に「花はなトーク」を行い、伝えたい思いがより伝わるスピーチへと高めていった実践などがあり、研究紀要に残していくようにしています。こうして「花はなタイム」を起点とし、「花はなトーク」としてつなぐことで、教科等にもその効果が広がることをめざしています。

本校実践の "売り"

　本校は、教育課程に基づき組織的かつ計画的に教育活動の質の向上を図っていくこと（カリキュラム・マネジメント）の充実に取り組んでいます。「花はなタイム」でも以下３つを大切にしています。

(1) カリキュラムに位置づける

　教科等のすべての単元を、資質・能力の育成に向けて時系列で並べた単元配列表を「学びの地図」とし、「花はなタイム」や特別活動など、主に人とかかわる力の育成に関する内容は「心の地図」として位置づけ、職員室の一角に掲示しています。これにより、年間計画が一覧でき、子どもの状況によって順序や方法を調整したりすることが可能となります。そして、「学びの地図」と「心の地図」をつなぐものが、「花はなトーク」であるととらえています。

(2) ＰＤＣＡサイクルを確立する

　「花はなタイム」の計画・実施・評価・改善の提案（ＰＤＣＡサイ

クル）は、人間関係づくり部が担っています。

　学期ごとに取り組みの検討を行うこととあわせて、年度末には、人とかかわる力の育成に関して、Q－U（河村、1999）や学校評価、質問紙調査などのデータや、子どもたちの変容をもとに振り返りを行い、改善を進めます。

(3) 人的資源を活用する

　本校では、子ども・保護者や地域・教職員をまとめて「こよう家」と呼んでいます。学校通信「こうよう家便り」をはじめ、地域の会議でも「花はなタイム」の取り組みと意義について発信しています。毎年4月の懇談会では、保護者に「アドジャン」を体験してもらう機会をつくる等、大切な人的資源である方々に情報発信を行い、共通理解の上で連携・協働が進むことをめざしています。

 ## 取り組みの成果と課題

　成果は「花はなタイム」に4年間取り組んだ6年生の声が教えてくれました。質問紙調査（4件法、2021年10月実施、62名）では、「すすんで話を聴けるようになった」が肯定群91.8％、「話し合うことで学習が深まった」が肯定群96.7％という結果でした。

　自由記述でも、コミュニケーションにおける自分自身の成長や学級全体の和やかな雰囲気への変容を示す表現が多数見られました。以下に、一部を紹介します。

- 私にとって「花はなタイム」は人とのかかわりをもったり、相手のことをよく知ったりする機会だと思っています。
- もともとは人と話すことが嫌いでした。でも「花はなタイム」とかでたくさん話をして、話すことが好きになりました。
- 友達が自分の話をしっかり聴いてくれるので、温かい気持ちになります。人とのコミュニケーションは大切なので、「花はなタイム」は必要だと思います。
- 「花はなタイム」は相手や自分のことを考えることができる時間です。相手のことを聴いて相手の印象が変わったり、自分のことを伝えて自分を見つめ直したりすることができるからです。
- 「花はなタイム」を4年間やっているせいか、コミュニケーションがすごくとれるようになっている。
- 「花はなタイム」では友達と自分のことをやりとりして、友情をクラス全体で深め合う楽しい時間だと思います。

　「花はなタイム」に続いて実施している学級活動においても主体性・自主性が発揮されています。この時間を楽しみに登校する子どもも増え、教員と子どものつながりとともに、子ども同士のつながりをつくる大切な時間となっています。

　課題は、「花はなタイム＆花はなトーク」のさらなる充実を図り、本校での継続はもちろんのこと、人とかかわる力の育成に取り組む他校に、良さを伝えていくことです。6年生には、演習の最終ゴールとして「1分間スピーチ」への挑戦を期待しています。そして、ホームページや研究報告等による発信を続けていくことが、子どもたちの成長に応えることにもなると考えます。

　「○○タイムが5年続くと先進校入り」という曽山先生の言葉をお借りすれば、令和4（2022）年度、本校もうれしい「先進校入り」を果たしました。これからもさらに先を進む「先輩校」の背中を追い、何のための「花はなタイム＆花はなトーク」なのかを心に置き、子どもたちの想いに応えられる活動を創りあげたいと思います。

X 高等学校における「試行」実践

X高校・Y高校の実践から

高校生の「かかわりの力」
育成プログラム開発に向けて

　本書で提言している「スリンプル・プログラム」(スリンプル)
は、小・中学校での実践・研究を重ね、令和元 (2019) 年に完成し
ました。私 (曽山) は今、このスリンプルを大学の講義でも活用し
ています。90分講義は毎回「10分のかかわり活動 (１分間スピーチ
等)」からスタート。そして、講義の中では、意見交換の場として、
短時間 (30秒から数分) の「ペア・グループワーク」を複数回取り
入れています。この、大学におけるスリンプル効果としては、半期
の講義終了後に全学的に実施する「授業評価アンケート」に寄せら
れる学生の声が１つの指標になると思われます。以下、それらの声
から一部抜粋して紹介します。

　スピーチがこんなに楽しいなんて、学校生活で初めて。／子ども
の頃、日直が朝の会で順番に話すスピーチが大嫌いだった。今でも
トラウマになっている。でも、この「１分間スピーチ」ならとても
楽しくできる。／高校は進学校だったので、かかわり活動に取り組
んだ思い出はほとんどない。高校の頃、このようなかかわり活動に
取り組んでいたら、ボクは今とは違うボクになっていたと思う。／
講義の最初の「１分間スピーチ」があるから講義中のペアトークが
とてもやりやすい。／講義でのペア・グループワークを繰り返すう
ちに自然なうなずきができるようになってきた。

X高校での試行の結果

　「このように大学生がとらえるスリンプルを高校でも実践したい」。私の中で新たにふくらんだ思いの具現として、令和2（2020）年度、X高校で試行を行いました。以下、研究概要を紹介します。

【方法】

調査対象：X高校の各学年から抽出された1学級ずつ、計3学級の生徒（1年生13名、2年生30名、3年生18名）。

調査時期：令和2（2020）年9月から12月

手続き：対象学級は計8回の「○○タイム」（各10分）を実施。内容は1年生が「アドジャン」「1分間スピーチ」「いいとこ四面鏡」、2・3年生が「1分間スピーチ」。効果分析は、量的データとしてQ-U（河村、1999）、質的データとして生徒自由記述を用いた。

【結果】

Q-U：9月、12月実施データのt検定を行ったところ、1年生では「承認」「学級雰囲気」においてプラス変容（5％有意）が認められた。また、3学級のデータについて一元配置分散分析を行ったところ、12月の「教師関係」において、1・2年生が3年生に比べ高く（5％有意）、「学級雰囲気」においても1年生が2・3年生に比べて高い（5％有意）ことが認められた。

生徒自由記述：「こういう場をもっと設ければクラス全体で仲良く楽しくなると思った」「アドジャン等の活動でいろいろな人のことをたくさん知れたし、たくさん話すことができたからクラスがいい雰囲気になった」「挨拶もだんだん大きな声でできるようになった」等、「○○タイム」がきっかけとなり、学級・学校生活への

適応を促していると感じられる記述が多く見られた。

【考察】

　１年生の「承認」「学級雰囲気」にプラス変容が認められたことから、「〇〇タイム」は、入学後の適応促進策の１つとして位置づけられるのではないかと考えられる。令和２（2020）年の緊急事態宣言以降、コロナ禍における学校生活においても生徒は強いストレスを受けていたであろうことが推察される。そうした中、４か月間、計８回、感染予防に留意しつつ取り組んだ「〇〇タイム」が、生徒のストレス軽減の一助になったのではないかとも思われる。

　このＸ高校の実践成果をもとに、科学研究費助成事業（科研費）に応募。以下、採択が決定し、現在、プログラムを開発中です。

期間：2021〜2023年度

種目：基盤研究（Ｃ）

課題／領域番号：21K02559

課題名：教師が日常的に活用できる高校生の「かかわりの力」育成
　　プログラム開発

代表者：曽山和彦（名城大学教職センター・教授）

 ## Ｙ高校「スマイルタイム」の実践紹介

　Ｙ高校は、令和３（2021）年５月より、月に１、２回、10分程度の割合で短時間グループアプローチ「スマイルタイム」を全校一斉に展開しています。

　以下、実践の具体を紹介します。

(1) プログラムの具体的な流れ

〈エクササイズ導入時〉		〈2回目以降〉	
ルール・めあての確認	2分	ルール・めあての確認	1分
モデリング（教員・生徒）	2〜3分	エクササイズ	2分
エクササイズ	1〜2分	フリートーク	1分
フリートーク	1分	シェアリング	1分
シェアリング	1分	振り返りシート記入	1分
振り返りシート記入	1分		計6分
	計8〜11分		

(2) 基本ルール

①「お願いします」＆「ありがとうございました」の挨拶をする。

②相手を見て、うなずきながら聴く。

③否定せず、最後まで聴く。

＊答えたくない場合は、パスしてもよい。

(3) 令和4年度「スマイルタイム」年間計画

実施日は火曜日の16：05〜16：20。清掃時間をカットして行います。

実施時期		内容	めあて
4月	(15)	オリエンテーション	「スマイルタイム」の目的、具体的取り組み内容を知る。流れを知る。
	26	アドジャン	クラスの友達のことを知る。
5月	10	アドジャン	クラスの友達のことを知る。
	24	WEBQU（1・2年）	自分のことを知る。
6月	14	二者択一	流れを知る。クラスの友達のことを知る。自分のことを相手に伝える。
7月	5	いいとこ四面鏡	流れを知る。友達の良いところを見つける。自分の良いところに気づく。
	19	校内アンケート1	1学期の活動を振り返る。

8月	30	アドジャン	自分のことを相手に伝える。相手の考えを受け入れる。
9月	6	アドジャン	自分のことを相手に伝える。相手の考えを受け入れる。
10月	18	二者択一	自分のことを相手に伝える。相手の考えを受け入れる。
11月	8	1分間スピーチ	話を簡潔にまとめて相手に伝える。相手の考えを受け入れる。
	15	WEBQU（1・2年）	自分のことを知る。
12月	6	いいとこ四面鏡	友達の良いところを見つける。自分の良いところに気づく。
	20	校内アンケート2	2学期の活動を振り返る。
1月	17	アドジャンor二者択一	自分のことを相手に伝える。相手の考えを受け入れる。
2月	7	1分間スピーチ	話を簡潔にまとめて相手に伝える。相手の考えを受け入れる。
3月	14	いいとこ四面鏡	自分や友達の良いところに気づく。友達からの評価を受け入れる。
	22(水)	校内アンケート3	1年間の活動を振り返る。

＊クラス主体で実施し、プログラムの周知徹底を図る。担当はホームルーム担任に限定しない。可能であれば、学年内で教員の交替、全校縦割りの活動を入れる。
＊エクササイズの種類とお題は実施時期によって検討・変更する（教員・生徒から意見募集）。
＊ WEBQU とは、Q－Uのウェブ版。

高校版「スリンプル」完成をめざして

　上記Y高校の計画にある12月6日、2月7日の両日には、私（曽山）と教育委員会担当者が訪問し、「スマイルタイム」を参観。その後、2年間の成果と課題について、管理職および実践推進担当者と協議を行いました。その中で、「男女関係なくスムーズなかかわりが

見られるようになった」「Q‐Uデータによる満足型学級が多いのは、スマイルタイムの効果の１つ」等の声が上がりました。

　高校版「スリンプル」の実践は緒に就いたばかりですが、今後、各地の高校での実践を拡げていくために、Y高校の実践は説得力あるエビデンスとなることでしょう。

　Y高校の２年間の実践と成果から、高校での「スリンプル」定着のためのポイントを整理すると、以下のようになります。

①管理職とミドルリーダーがスクラムを組み、実践をリードする。
②年間計画を設定し、計画通りに実施する。
③教育委員会、大学等と連携し、助言・評価を受けながら進める。

　この３点は、小・中学校版「スリンプル」の定着においても同様です。では、何が異なるのでしょうか。それは「実施回数」です。小・中学校では「週１回実施」を基本としますが、Y高校では「月１回、あるいは隔週」として年間計画に組み込んでいます。今後、高校版「スリンプル」完成に向け、新たな高校での実践を追加・検証しながら、無理なく、効果ある実施回数について考察していきます。

＊本稿で紹介したX高校の研究成果は日本教育心理学会第63回総会（2021年。オンライン開催）にて発表。

XI 教育委員会がリードする 人間関係づくり・対話力育成

島根県出雲市教育委員会

島根県出雲市の小学校・中学校の概要

　出雲市は島根県東部に位置し、北部は日本海に面して、中央は出雲平野が広がる緑豊かな自然に恵まれた環境にあります。また、出雲大社をはじめとする歴史・文化遺産も多く、農業や工業、観光業などが主な産業となっています。人口は約17万4000人で、近年横ばい傾向にあり、ブラジルなどの外国籍住民が増加傾向にあります。市内には小学校33校、中学校14校があり、約1万5000人の児童生徒が、それぞれの学校で特色ある教育活動を行っています。

「だんだんタイム」プロジェクト事業立ち上げの経緯

　平成24（2012）年より県で調査している「通常学級における何らかの支援を必要としている児童生徒数」（小・中学校）の割合は、出雲市において年々増加し、令和元（2019）年度は8.9％となっていました。また、不登校児童生徒数についても新規・継続ともに増加傾向にあり、これら諸課題の解決が出雲市の喫緊の課題でした。

　平成29（2017）年度の特別支援教育講座の講師を依頼した曽山先生に出雲市の諸課題について相談する中、多くの課題は児童生徒の "かかわりの力（自尊感情・ソーシャルスキル）" の欠如に要因があ

るのではないかとご教授いただきました。さっそく、曽山先生が全国で提唱・実践されている「短時間グループアプローチ」を市内の学校に導入することで、教員の指導力の向上を図るとともに、諸課題の未然防止をめざし、本事業を立ち上げることとなりました。

このアプローチの時間を、出雲弁での"だんだん（ありがとう）"とかけあわせ、「だんだんタイム」と名付け実践しています。この「だんだんタイム」によって、子どもたちが「だんだんつながり、だんだんよくなり、だんだん自分を好きになる」ことをめざしています。

「だんだんタイム」プロジェクト事業の概要

【目的】

①発達障害から起因する、ソーシャルスキルに関する児童生徒の困り感の改善・克服や自尊感情の向上を図る。

②ソーシャルスキルの向上とよりよい学級集団づくりを行うことによって、不登校・いじめ等の未然防止を図る。

【研究推進校】 T地区の４校の小学校・中学校

【事業期間】 平成31（2019）年４月～令和４（2022）年度

【事業内容】

①事業１年目、研究推進校（小学校３校、中学校１校）を指定する。

②週に１回10分間の「だんだんタイム」を生活時程の中に設定し、年間を通して実践する。

③曽山先生を年間２回招き、研究推進校への指導助言および研修会を実施する。

④年度末に全市各校に向けて実践発表を実施する。

⑤事業2年目以降、実践例・指導方法・教材の共有化を図り、実施校の拡大を図る。

⑥実施校へのフォローアップ（研修会）を図る。

【研修会および支援体制の構築】

「だんだんタイム」実施については全学級が基本的な型に従って行うため、校内が一枚岩になって取り組む必要があります。指導する教員が自信をもって取り組むことができるように、研修の機会を確保することが重要です。

共有した教材の1つ

また、市内の学校へ「だんだんタイム」を拡げるためにも、その理論や教材や実践資料等の共有化を目的とした研修会（次ページの表参照）および支援体制の構築を図りました。

「だんだんタイム」の実施校

平成31（2019）年4月にスタートした出雲市の「だんだんタイム」は、当初T地区の4校を研究推進校に指定して取り組み、令和2（2020）年にはさらなる実施校を募り、7校増えて計11校での取り組みとなりました。さらに令和3（2021）年度には17校増え、全28校で実施しており、各校が主体的に実践に取り組みました。

「だんだんタイム」の事業評価

(1) 児童生徒の声より

推進校の児童生徒には、3年間、毎年、アンケート調査を実施し

「だんだんタイム」研修会予定表

日時	活動および研修内容	参加者
H29年11月2日	特別支援教育講座	市内小・中学校教職員
H30年8月9日	特別支援教育講座	市内小・中学校教職員
H30年11月20日	実践校研究発表視察（他県の実践校へ視察）	研究推進校管理職および出雲市教委指導主事
H31年2月25日	研究推進校事前学校訪問・事前研修（講師：曽山和教授）	研究推進校教職員
H31年4月3、4、5日	研究推進校事前体験型研修会（講師：出雲市教育委員会指導主事）	研究推進校
R元年7月1日	第1回研究推進校活動公開および研修会（講師：曽山和彦教授）	研究推進校教職員
R元年9月29日	特別支援教育講座（講師：曽山和彦教授）	市内小中学校保護者、教職員、児童クラブ職員
R元年11月1日	第2回研究推進校活動公開および研修会（講師：曽山和彦教授）	研究推進校教職員、市内各小中学校教職員
R2年3月5日	新規実施校向け活動公開および研修会	新規実施校教職員、研究推進校教職員
R2年9月27日	特別支援教育講座（講師：曽山和彦教授）	市内小・中学校教職員
R3年6月30日	第1回活動公開および研修会	実施校教職員
R3年10月27日	第2回活動公開および研修会	実施校教職員

ました。その結果、特に「挨拶ができるようになった」「指示をしっかり聴けるようになった」の項目について肯定的な回答が上昇しており、児童生徒のソーシャルスキルの向上につながっていると考えられます。また「友達のことがわかってきた」の項目は、さらに肯定的な回答が上昇しています。児童生徒が他者についての理解を深め、よりよい人間関係を築いてきていることが推測されます。

(2) 教員の声より

　推進校およびチャレンジ校の教員にも、3年間、毎年、アンケート調査を実施しました。事業3年目の調査結果を見ると、特に「児童生徒はだんだんタイムを楽しんでいる」「児童生徒は友達のことがわかってきた」の項目について肯定的な回答でした。

　このことから、この「だんだんタイム」で児童生徒は「かかわり」を楽しみながら他者理解の力を高めていると、教員が感じていることがわかります。

(3) Q-U結果の推移より

　出雲市ではQ-U（河村、1999）を年に2回実施していますが、推進校（小学校・中学校4校）の児童生徒の結果は次のとおりです。

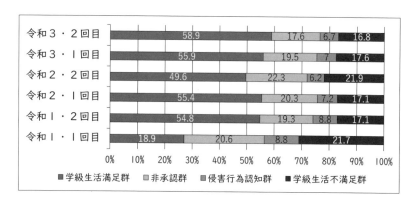

	学級生活満足群	非承認群	侵害行為認知群	学級生活不満足群
令和3・2回目	58.9	17.6	6.7	16.8
令和3・1回目	55.9	19.5	7	17.6
令和2・2回目	49.6	22.3	6.2	21.9
令和2・1回目	55.4	20.3	7.2	17.1
令和1・2回目	54.8	19.3	8.8	17.1
令和1・1回目	18.9	20.6	8.8	21.7

事業期間内のＱ‐Ｕ結果を見ると、学級生活に満足感をもつ児童生徒が増え、侵害行為を認知したり、学級生活を不満足に感じたりする児童生徒が減ってきています。

Ｑ‐Ｕはすべての教育活動の結果ですが、「だんだんタイム」が一助となり、児童生徒の自尊感情やソーシャルスキルの向上が図られてきているととらえています。

今後の展望

本事業における、令和４（2022）年度の実施校はさらに６校増え、34校が「だんだんタイム」に取り組みました。これまでの実践から、児童生徒の自尊感情やソーシャルスキルの向上が見られます。

出雲市の児童生徒が、だんだんつながり、だんだんよくなり、だんだん自分を好きになることをめざし、今後も各校での「だんだんタイム」実施を支援していきたいと考えています。

〈参考文献〉
河村茂雄（1999）『Ｑ‐Ｕ　楽しい学校生活を送るためのアンケート　実施・解釈ハンドブック』田上不二夫監修、図書文化社

第 5 章

スリンプル・プログラムの効果検証

研修会や講演会で、「○○タイムを行うとすぐに子どもたちのかかわりの力がつくのでしょうか？」「全員が楽しく取り組めるのでしょうか？」等々の質問を受けることがあります。私は、「即効性は期待しないほうがいいです。ただし、漢方薬としての効果は期待してください。教育方法で即効性があるものはないでしょうし、あったとしてもすぐ効くものはすぐ効かなくなります」「最初は楽しめない子どもがいるかもしれません。それでも『来週楽しめるといいな』『来月、来年になったら○○さんの笑顔が見えるかも…』と成長をじっくり待ってはいかがでしょうか？」等々、答えるようにしています。

　スリンプル・プログラム（以下、スリンプル）提唱者である私が、いくら「効果があります」と言ってもその言葉だけでは説得力に欠けます。それゆえ、本章では先進校の「生の声」、および客観データを紹介しながら効果を考察します。また、実践の中で見えてきた課題についても言及し、よりよい実践に向けた展望を整理します。

子どもたちと教員たちの声

　先進校の子どもや教員たちの生の声として「スリンプル効果ここにあり！」ということがよくわかるものを厳選して紹介します。

(1) 三重平中学校３年Ａさんの声：行事「私の主張大会」作文（2019年）

> **「伝統」**（＊Ａさん、校長先生の了解を得て、一部抜粋掲載）
>
> 　国や地域、団体など、どんなところでも「伝統」があると思います。例えば、お祭りや毎年恒例の行事などです。そして、この三重平中学校にもいくつかの「伝統」があります。そのうちの１つが平っ子タイムとその平っ子スタイルです。この２つ

は三重平中学校のみにあります。多くの先生方が「これは素晴らしいものだ」と言いますが、私は３年生になるまで他校の人たちとあまり接する機会がなかったので、どこがすごいのかまったく気づいていませんでした。そして、３年になり、塾での統一テストや高校でのオープン模試を受けるなどして、他校の人たちと接するようになると、平っ子タイムによってつく力がどれだけ大切かを実感しました。３年間の平っ子タイムによって得ることができた私の３つの力について話していきます。

　１つ目は「挨拶」です。…（中略）…３年生では誰もがこれを意識することなく当たり前のこととしてできています。

　２つ目は相手の話を「聴く力」です。…（中略）…相手のほうを見て聴くことは三重平中学校ではほとんど全員ができています。

　３つ目は「話す力」です。…（中略）…１分間スピーチでは自分の考えを班員に伝えなければならず、さらに時間いっぱい話し続けなければなりません。私は、これのおかげで文章の組み立て方が上達すると思います。うまく相手に話を伝えるために頭の中で話すことをまとめる必要があるからです。だから、平っ子タイムで話すことは「書く力」にもつながっていると思いました。

最後に、後輩への熱いメッセージ！

　私は３年間の平っ子タイムを通して三重平中学校でしか学べないたくさんの力を得ることができました。この活動はただ班の中で話すだけでなく、人として必要な力をたくさん身につけられると気づくことができました。この三重平中の素晴らしい「伝統」をこれからも、後輩の子たちに受け継いでいってもらいたいです。

(2) 桜ヶ丘中学校3年生の声：

3年間の「桜咲タイム」を振り返って（2019年）

- ・この3年間、いろいろな友達と何十回もやってきて、相手の話を聴こうとする気持ちが出て、授業中でもよく教え合えたから「桜咲タイム」は本当に良い取り組みだと思う。
- ・「桜咲タイム」は話すことが苦手な人でも話す機会が与えられているのでとてもよい。
- ・「桜咲タイム」があったから仲良くなれた人もたくさんいるし、互いのことがよくわかるようになったので感謝している。
- ・「桜咲タイム」は桜ヶ丘中の誇り。
- ・同じテーマでもメンバーが違うと意見も違い、すごく楽しかった。「桜咲タイム」があるから水曜日が好きだった。クラスのみんなとも仲良くなることができ、いろいろな思い出でいっぱい。
- ・3年間、「桜咲タイム」をしてきて自分も成長したと思うが、回数を重ねるごとに学校・学級の雰囲気もよくなったと感じた。
- ・人と対話することの楽しさを実感できた「桜咲タイム」に感謝している。

「えっ、これが生徒の声？」と思えるほどの "提言" もあります。

　今の桜ヶ丘中が注目されているのは「桜咲タイム」があるからだと思う。社会で生きていくために必要なコミュニケーション能力向上をねらった「桜咲タイム」は素晴らしい活動だと思う。以前の不評を覆し、桜ヶ丘中を良い方向に進ませた「桜咲タイム」はこれからも続け、未来のためによりよい改善の努力をしていくべきと考える。

(3) 託麻東小学校の教員の声（2022年）

> ・以前の私に比べると大きな声を出して、ユーメッセージで怒鳴ることが本当に減ってきたと感じている。それもやはり「託東タイム」の成果であると認識している。本校の取り組みは、子どもたちを変え、私たち教職員の意識を変え、そして学校を変えてきている。それが可能だったのは、教職員全員が同じ方向を向き、子どもたちの良さをしっかり伸ばそうとしてきたからである。
>
> ・継続は力なり。託麻東小の子どもたちの変容を目の当たりにして、今の子どもたちの発達において、「託東タイム」は必要不可欠なものと思う。家庭も核家族が多く、携帯やゲームが子守り相手になっている。"気になる子"も含むすべての子どもたちが生き生きと「たくトーク」をしている姿を見ると、周りが育ちながらその子も育っている部分があるなぁと感じる。学校が最後の砦と言われる理由がわかり、納得。

　「幸せな学校づくり」の肝はここにあり！

　「子どもたちを変え、私たち教職員の意識を変え、そして学校を変えてきている」…素敵な言葉です。その変化を生んだのは、"一枚岩＆継続"実践ということです。

(4) 西山小学校の教員の声（2017年）

> ・正直、朝の忙しい15分、教科補充等にも使いたくなるが、「塵も積もれば山となる」はまさにこのこと。「にこにこタイム」の効果は大きい。

・児童だけでなく、打ち合わせや職員会のとき、教員も話し手を見て聴いてくれるようになった。「にこにこタイム」は漢方薬。じわじわと効果が出てきた。
・子どもの変容はもちろん教員の変容が一番大きい。教員が取り組みに対して理解があり、同じ方向を向いて一斉に取り組むことが大切。

・全校体制で取り組めていることがとてもよい。活動が中だるみという意見があったが、教員が活動の意図を明確にしていればそんなことはない。

「漢方薬効果」、信じませんか？

「こんな活動、面倒だなぁ」「週1回で本当に効果があるのか？」「同じことを繰り返したら子どもは飽きるんじゃないか？」等々、校内にはさまざまな教員の声が飛び交うこともあるでしょう。それでも「漢方薬のように効く」という先進校の声を信じませんか？

kazuの「さらっと」価値づけ1
これぞ、スリンプル効果！

　このような生徒や教員の声に、私はどれだけ励まされているかわかりません。私が今、全国各地に自信をもってスリンプルをすすめているのは、こうした皆さんの声があるからです。

　私の提言するスリンプルは"万能薬"あるいは"即効薬"ということではありません。しかし、"漢方薬"であることは間違いなし！　そのように言い切れる私になりつつあります。

客観データを活用した効果検証

　ここでは、筆者による学術論文「小学校における『かかわりの力育成プログラム』の効果」（曽山、2019b）を一部引用し、客観データの面から効果を紹介します。

(1) 調査時期

　2017年9月から2018年3月。

　9月以降、学級担任が毎週金曜日8：15〜8：30の15分間実施した「○○タイム」に関するデータ分析を行いました。

(2) 調査対象

　A小学校。児童数359名、学級数14学級（特別支援2学級を含む）、教員数30名。

(3) 倫理的配慮

　名城大学「人を対象とする研究に関する倫理審査委員会」の承認を得て行いました。

　児童や教員への質問紙調査によって得られるデータについては、数値のみで、無記名であり、個人が特定されることはない等、学校長に対して文書で説明を行い、同意書を受け取り、研究を進めました。

(4) 測定尺度

　標準化された学級診断尺度Q‐U（河村、1999）を用いました。

　Q‐Uは2つの心理テストから構成されています。1つは「学級

満足度尺度」であり、学級内で友人等から承認されているか否かに関連する承認得点と、学級内におけるいじめ・冷やかし等の被害を受けているか否かと関連する被侵害得点の２つの因子得点により、子どもの学級への満足度を測定するものです。

　もう１つは「学校生活意欲尺度」です。これは、友人関係に関する意欲を把握する友人関係得点、学習への意欲を把握する学習意欲得点、学級関係に関する意欲を把握する学級雰囲気得点、以上の３つの因子得点により、子どもの学校生活における意欲を測定するものです。

　また、児童の自尊感情、ソーシャルスキルに関する自己評定アンケートも実施しました。

(5) Q-U得点の検討：「○○タイム」導入前（６月）と導入後（12月）の平均値の比較

　Ａ小学校のＱ-Ｕ実施は３年生以上の８学級（各学年２学級）。以下に示すTable.1からTable.6は、統計的な有意差もしくは有意傾向が示唆された６学級です。各Tableには各学級児童の６月、12月のＱ-Ｕ各得点平均値、およびt値を示しました。各Tableの（　）内は標準偏差、「† p<.10　*p<.05　**p<.01」です。

　「○○タイム」導入の前後にかけ、例えば３年１組は、友人関係得点が9.72から11.55へ（両側検定：t(28)＝-6.83，p<.01）、承認得点が21.14から21.93へ（両側検定：t(28)＝-1.98，p<.10）、被侵害得点が9.86から8.55へ（両側検定：t(28)＝2.05，p<.10）とプラスに変容し、統計的には１％有意、10％有意傾向であることが示されました。他の５学級についてもTable内の太字で示した項目がプラスに変容していることが明らかになりました。

Table. 1　3年1組

	導入前　N＝29	導入後　N＝29	t 値
友人関係	9.72 (1.57)	11.55 (.78)	-6.83**
学習意欲	10.21 (1.15)	10.41 (1.52)	-.92
学級雰囲気	11.52 (.63)	11.41 (.91)	.53
承認	21.14 (1.85)	21.93 (1.89)	-1.98†
被侵害	9.86 (3.56)	8.55 (3.10)	2.05†

Table. 2　3年2組

	導入前　N＝27	導入後　N＝27	t 値
友人関係	9.78 (1.74)	10.63 (1.33)	-3.35**
学習意欲	9.93 (1.39)	10.07 (1.17)	-.57
学級雰囲気	10.78 (1.34)	11.00 (1.41)	-1.06
承認	18.00 (3.54)	19.11 (3.68)	-1.60
被侵害	11.15 (3.44)	10.15 (3.18)	1.65

Table. 3　4年2組

	導入前　N＝30	導入後　N＝30	t 値
友人関係	10.60 (1.75)	11.03 (1.75)	-1.75†
学習意欲	10.37 (1.33)	10.33 (1.32)	.16
学級雰囲気	10.53 (1.59)	10.90 (1.81)	-1.52
承認	19.53 (3.70)	20.63 (3.86)	-2.64*
被侵害	9.00 (3.28)	7.37 (2.97)	3.07**

Table. 4　5年2組

	導入前　N＝29	導入後　N＝29	t 値
友人関係	9.59 (1.55)	9.83 (1.95)	-.60
学習意欲	9.79 (1.59)	9.24 (2.12)	1.25
学級雰囲気	9.55 (1.74)	9.31 (1.95)	.55
承認	16.97 (3.90)	17.72 (4.48)	-1.35
被侵害	11.03 (4.08)	9.45 (4.73)	1.74†

Table. 5　6年1組

	導入前　N＝33	導入後　N＝33	t値
友人関係	10.82（1.40）	10.70（1.86）	.35
学習意欲	10.58（1.28）	10.33（1.96）	.86
学級雰囲気	10.94（1.14）	10.97（1.86）	-.10
承認	20.73（3.00）	21.09（3.79）	-.61
被侵害	**9.33（4.76）**	**7.45（2.66）**	2.69*

Table. 6　6年2組

	導入前　N＝32	導入後　N＝32	t値
友人関係	10.03（1.28）	10.56（1.61）	-1.61
学習意欲	9.75（1.76）	9.81（1.42）	-.20
学級雰囲気	**9.72（1.89）**	**10.69（1.45）**	2.50*
承認	**17.88（3.75）**	**20.19（3.22）**	-3.36**
被侵害	9.75（3.87）	8.66（2.77）	1.60

(6) 児童の自己評価アンケートから

　「○○タイム」に関する児童の評価を把握するために、低学年（1
～3年）児童160名、高学年（4～6年）児童180名に、別々にアン
ケートを実施しました。自尊感情（その前提となる自己理解）、ソー
シャルスキル等に関する項目からなる調査の結果、ほとんどの児童
が5点満点中、非常に高い肯定的な評価をしていることが明らかに
なりました（Fig.1、2）。

Fig. 1　「○○タイム」に対する低学年児童の自己評価

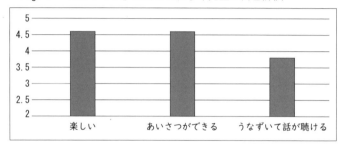

Fig. 2 「〇〇タイム」に対する高学年児童の自己評価

グラフの縦軸: 2, 2.5, 3, 3.5, 4, 4.5, 5

横軸項目:
- 楽しい
- あいさつができる
- うなずいて話が聴ける
- 指示をしっかり聴ける
- 自分のことがわかった
- 友達のことがわかった
- 学級の雰囲気がよくなった

Kazuの「さらっと」価値づけ2
客観データが実践を後押し！

　　子ども自身が「楽しい」と評価し、標準化された診断尺度Q-Uでも「友人関係」「承認」等でプラス変容を認められる「〇〇タイム」。ならば、私たち教員は、自信をもって「〇〇タイム」を続けていきましょう。客観データが実践への後押しをしているのですから。

今後の課題・展望

(1) 課題

　本章で紹介した子どもと教員たちの声、A小学校の客観データは「スリンプル効果ここにあり！」というものを厳選しているので、課題はゼロのように見えます。しかし、課題がゼロなどということは

もちろんありません。「マンネリになり、子どもが飽きる」「教員の足並みが揃わない」等々、どの先進校でも、一度や二度、直面した課題があります。それらの課題への対処法は第3章のQ&Aに記しましたので、ご参照ください。

(2) 展望

　令和5（2023）年度現在、5年を超え全校体制で実践中の「先進校」が14校となったスリンプルは、"かかわりの力"育成に向けたおすすめプログラムであるということができます。

　「スリム＆シンプル」ゆえ、児童生徒・教員にとって取り組みへの負担はほとんどありません。「○○トーク」という形が馴染むと、各教科等での対話的な学びが促進されます。また「○○タイム」には"型"があるため、学年を超えた活動、担任以外の教員による実践が可能です。変化に苦手意識をもつ"気になる子"も見通しをもちやすく、笑顔で取り組みやすいことでしょう。

　このようなスリンプルが、本書をナビゲーターに、各地で展開されるならば、きっと子どもが変わり、学級が変わり、「幸せな学校」が生まれます。今後の展望として、以下、3点を整理します。

①中学校区としてのスリンプル実践が増えること　小学校・中学校で9年間連続のスリンプルが展開されれば、学校間接続はスムーズでしょう。先進校の中で小・中連携実践を展開しているのは桜ヶ丘中学校（小学校4校・中学校1校）、託麻東小学校（小学校1校・中学校1校）、櫛形中学校（小学校4校・中学校1校）。特に、中学校区として実践している桜ヶ丘中学校区、櫛形中学校区は、今後のモデル実践になるでしょう。
②高等学校におけるスリンプル実践が増えること　私は大学の講義で

も、「アドジャン」「１分間スピーチ」等の演習を導入しています。学生の声として「高校生の頃はグループワークが嫌いだった。でも、こうしたかかわり体験なら楽しいし、好きになる」「高校生に戻り、かかわりを大事にする生活を送り直したい」等が聞かれます。小・中学校版スリンプルはすでに完成（科研費2017～2019年度　基盤研究Ｃ17K04888）。そして、今は高等学校版完成に向け（科研費2021～2023年度　基盤研究Ｃ　21K02559）、数校の高校の協力を得ながら試行中です。現時点では、私の提言するスリンプルに関し、高校現場からのニーズはそれほど感じられませんが、少しずつ成果を積み上げ、実践を拡げていきます

③全市・全県展開のスリンプル実践が増えること　島根県出雲市、山梨県南アルプス市、三重県松阪市が市内小・中学校でのスリンプル実施、大分県がスリンプルを参考にしたプログラムを全県実施中です。いずれも素晴らしい取り組みではありますが、定着するには欠かせない条件があります。それは、年に１、２回、スーパーバイザーを招聘した研修会を実施することです。外部からの助言等がないと“一枚岩”にならず、成果も上がりません。私に限らず、先進校の実践担当者であれば、誰でもお役に立てます。

〈参考文献〉
河村茂雄（1999）『Ｑ－Ｕ　楽しい学校生活を送るためのアンケート　実施・解釈ハンドブック』田上不二夫監修、図書文化社
曽山和彦（2019a）『誰でもできる！　中１ギャップ解消法』教育開発研究所
曽山和彦（2019b）「小学校における『かかわりの力育成プログラム』の効果」『名城大学教職センター紀要』16、49-58頁

第6章

スリンプル・プログラムの実践動画

本章では、私の「モデル示範動画」に加え、小学校・中学校・高等学校1つずつ、計4本の動画を紹介します（それぞれの見出しのところにあるQRコードからご覧ください）。

動画では、笑顔で「○○タイム」に取り組む子どもたちの実際の様子をご覧いただくことができます。このように笑顔あふれる学級であれば、子どもたちは日々、安心して教員や友達とかかわり合い、幸せな学級生活・学校生活を送ることができるのではないでしょうか。

今、スリンプル・プログラム（以下、スリンプル）は全国各地に広がり、特に「○○タイム」の実践場面を参観することが増えてきました。各地の学校で、提唱者の私をはるかに超える「○○タイムのスペシャリスト」に出会うこともあり、とてもうれしく思います。

本章で動画提供のご協力をいただいた2人の先生も、もちろんスペシャリスト。「進め方、価値づけの言葉、全体への目配り」等々、参考になることがたくさんあります。

それでは、以下、私がとらえた〈見どころ・聴きどころ〉とすり合わせながらご覧ください。

曽山による
モデル示範動画

（7分）

私が小学校6年の担任として「名城タイム」で演習「アドジャン」を行うとしたら、どのように進めるか。まずは、私1人の演示をご覧ください。

〈見どころ・聴きどころ〉

①私の"表情"は？　前に立つ私自身、楽しく進めることを心がけています。「かかわりは楽しい」と伝えたいのに、私がムスッとしていたら楽しさは伝わりません。私は小さい子の担任経験が多いので、「子どもは大人の表情をそっくりに映す」ということを身をもって知っています。私が笑顔であれば子どもも笑顔に、私が怖い顔であれば子どもも怖い顔になります。

②"型"は？　スリンプルの"型"通りに進めています。動画では、「フリートーク」のあとにもさらりと"価値づけ（フィードバック）"を入れていますが、ここの"価値づけ"は入れても入れなくても、どちらでもかまいません。振り返りは「一人振り返り」を演示しています。

③言葉はスリム？　「言葉はスリムなほど伝わる」。私は講義・講演・研修等の機会にそう言い続けています。はたして、説明や価値づけの私の言葉がスリムになっているのかどうか。「評価者」は皆さんです。

熊本県熊本市立託麻東小学校の
阿部一貴先生による
「託東タイム」実践動画

(短縮4分：ＳＳＴ部分のみ)

　第4章のⅧでも紹介した託麻東小学校です。小学校5年生の教室での「託東タイム」。阿部先生（現在、熊本市立東町小学校）の実践をご覧ください。

〈見どころ・聴きどころ〉

①ねらいの押さえは？　「特に今日はこれを大事に！」という阿部先生の思いが子どもたちにしっかり伝わっています。阿部先生の話をしっかり聴こうとする姿。この子たちは、人の話をちゃんと聴くことのできる素晴らしい大人に育っていくことでしょう。楽しみです。

②切り替えへの言葉かけは？　「目を合わせてください」という阿部先生の言葉に対する子どもたちの切り替えの速さ。お見事です。

③子どもの様子は？　「かかわりが楽しい！」…どの子の表情もそれを物語ります。幸せな学級とはこういうもの。皆さんの学級はいかがでしょうか？

146

④机間指導は？　さりげなく子どもたちの様子を見ながら、ときどき声もかけながら…。阿部先生の温かさが伝わります。

⑤価値づけは？　「アイメッセージ」「個ではなく、全体をほめる・勇気づける・認める」等々、私が研修で伝え続けてきたことが、すでに阿部先生の"ワザ"になっています。

愛知県あま市立七宝中学校の
田畑好基先生による
「中２しっぴータイム」実践動画
（短縮６分：ＳＳＴ部分のみ）

　第１章で詳しく紹介し、第４章のⅥで愛知県西尾市立一色中学校がめざしていると述べていた「しっぴータイム」。中学校２年生の教室での田畑先生（現在、あま市立甚目寺南小学校）の実践をご覧ください。

〈見どころ・聴きどころ〉
①生徒の様子は？　「こんな遊びを中学生がやるのか？」などと批判めいたことを言う方がいます。そのような方々にぜひご覧いただき

たい「しっぴータイム」です。

　思春期真っただ中の中学生が、男女に関係なく笑顔でかかわり合う姿というのは、教員が何もせずにいたら、なかなか目にできるものではありません。

②活動の意味づけは？　「なぜ、○○が大切なのか？」。活動の意味について田畑先生が生徒に伝える場面があります。学級によっては、「こんなのくだらない」と斜に構える生徒もいることでしょう。意味があって行っていること。その意味を田畑先生のように伝えてはいかがでしょうか？

③価値づけは？　　田畑先生も阿部先生同様、私が伝えたことを自分の"ワザ"に昇華させています。

曽山によるＴ高校２年生への
「人とかかわるために
とても大切な『２つのこと』」示範動画
（短縮11分：１分間スピーチ部分）

2021年11月18日、私が高校２年の生徒たちに行った20分示範授業の短縮動画です。メインは「１分間スピーチ」実践。ゲストティー

チャーとしての私がどのように高校生の前に立ち、授業を進めたのか、ご覧ください。

〈見どころ・聴きどころ〉
①導入の工夫は？　ゲストゆえに最初の数分がとても大切。「何のための授業なのか」…それを伝える私の工夫をご覧ください。
②ドライビング・トークの実際は？　コロナ禍におけるペアワークスタイル。「まっすぐ向き合わない」「短時間のトーク」等に留意したワークなら安心ではないでしょうか？
③「1分間スピーチ」の実際は？　「○○タイム」の最終形ももちろん"型"に沿っています。私の進め方の実際をご覧ください。
④言葉はスリム？　私の言葉はスリムになっているでしょうか？皆さんはどう思われましたか？

　後日届いた生徒の感想（2名）を紹介します。「耳が幸せでした」「すごく話が入ってきて」…ならば、私はひと安心です。

今日の 20分間 とても 楽しかったです。先生の話し方は
とても 聞きやすくて 耳が 幸せでした。

　今日の、大学の先生の授業を受けて、いつもしているのとすごく
違う感じがしました。すごく話が入ってきて、すごいなと思いました。

(記) 各校の動画には「○○タイム」に取り組む子どもたちの様子が映っています。本書刊行に際し、児童生徒、および保護者からは、動画提供に関するご承諾をいただいております。この場をお借りし、御礼申し上げます。

おわりに

　私が"かかわりの力"に関する研究をしたいという思いから、大学教員への新たな一歩を踏み出したのは、平成19（2007）年のことです。大学という１つの組織の中、さまざまに遂行すべき役割はありますが、一番になすべきことは"研究"です。自分の専門分野で実績を重ね、それを論文や著書としてまとめ、世に示すことが私に求められているのだと、ずっと自分に言い聞かせてきました。そして、特に私が願ったのは、学校現場の先生方が手に取りやすく、明日から子どもたちに試してみたいと思えるような「実用的な単著」を書くことでした。

　その願いは、幸いにも、平成22（2010）年、『時々、"オニの心"が出る子どもにアプローチ　学校がするソーシャルスキル・トレーニング』（明治図書）発刊という形で叶えることができました。その後、数冊の単著執筆の機会をいただくうちに、「大学教員として10冊の単著を書く」という新たな願いが私の心に大きくなりました。

　「一冊、もう一冊」と執筆を続け、このたび、ほんの森出版の小林敏史様より、本書『超多忙でも実践できる！　スリンプル（スリム＆シンプル）・プログラム　週１回10分の「○○タイム」で「かかわりの力」を育てる』の執筆のお声をかけていただき、10冊目の単著発刊という願いを叶えることができました。

　私は、道元禅師の「この心　あながちに切なるもの　遂げずと云

ふこと　なきなり」という言葉が好きで、プリントアウトしたもの
を研究室の壁に貼っています。

　自分の心の中にある「"かかわりの力"に関する研究をしたい」と
いう強い思い。そのような思いがあると、その思いを叶えるために
日常的な準備・努力に心を向けることができます。日々休まずに少
しずつ歩き続けていたら、学校現場の誰もが使えるスリムでシンプ
ルなプログラム（スリンプル）に到りました。そして、スリンプル
に特化した書籍を10冊目の単著として発刊できたのです。

　遠くに見えていたゴールにいつの間にか到達できたと実感する
今、「継続は力なり」という言葉を嚙みしめています。そして、それ
を支えてくださったのは、スリンプル実践校の同志の皆さんです。
深く感謝申し上げます。

＊

　これまで、私の日々の実践・研究の歩みを後押ししてくださった
のは、亡き恩師、國分康孝先生の「君は自身の体験を概念化する能
力がある。これからもその力を大事にすればよい」というお言葉で
す。先生からのお言葉は、私の「お守り」です。この「お守り」を
肌身離さずに、これからも歩みを続けていきます。

　私の歩みを日々支えてくれたのは妻・晃子です。私の力を信じて
くれる彼女の存在が、私の力を引き出してくれるのだと感じます。
息子（泰賀）、娘（翡衣）、孫（新）、義父母（昭二郎・ツマ）の応援
にも感謝しています。そして、亡き両親（睦治・博子）に思いを馳
せて……。本当にありがとう。

令和5（2023）年

曽山　和彦

〈著者紹介〉

曽山　和彦（そやま　かずひこ）

名城大学教授

群馬県出身。東京学芸大学卒業、秋田大学大学院修士課程修了、中部学院大学大学院博士課程修了。博士（社会福祉学）。

東京都、秋田県の養護学校教諭、秋田県教育委員会指導主事、管理主事、名城大学准教授を経て、現職。学校心理士。ガイダンスカウンセラー。学校におけるカウンセリングを考える会代表。

主な著書に『「気になる子」が通常学級に溶け込む！　10の理論・10の技法』（ほんの森出版）ほか多数。

【執筆協力一覧】

・愛知県あま市立七宝中学校　しっぴー部会
・愛知県刈谷市立依佐美中学校　よさっぴ班
・愛知県西尾市立米津小学校　前校長・丹羽圭介
・三重県四日市市立三重平中学校
・愛知県春日井市立西山小学校
・鳥取県鳥取市立桜ヶ丘中学校区　吾桜振興会
・愛知県西尾市立一色中学校
・愛知県西尾市立吉田小学校
・熊本県熊本市立託麻東小学校・二岡中学校　グループアプローチ愛好会一同
・高知県高知市立江陽小学校
・島根県出雲市教育委員会

＊動画は書籍発行から年数が経過した場合、公開を中止することがあります。

超多忙でも実践できる！
スリンプル（スリム＆シンプル）・プログラム
週1回10分の「○○タイム」で「かかわりの力」を育てる

2023年7月10日　初　版　発行

著　者　曽山和彦
発行人　小林敏史
発行所　ほんの森出版株式会社
〒145-0062　東京都大田区北千束3-16-11
TEL 03-5754-3346　FAX 03-5918-8146
https：//www.honnomori.co.jp

印刷・製本所　研友社印刷株式会社